UNESCO
세계문화유산 등재를 위한
대·경 기독교 역사문화 연구

사문진 나루터에서
청라언덕까지

| 사청 순례길에 남겨진 역사와 문화 |

사문진 나루터에서 청라언덕까지

| 사청 순례길에 남겨진 역사와 문화 |

| 펴낸날 | 2024년 1월 31일 초판 1쇄 |

글쓴이	전재규, 황봉환
펴낸이	신덕례
편집	권혜영
교열교정	허우주
디자인	토라 디자인
펴낸곳	우리시대
	경기 고양시 덕양구 마상로 102번길 53
	Email/ woorigeneration@gmail.com
	SNS f/woorigeneration

| 유통 | 기독교출판유통 |

| ISBN | 979-11-85972-59-6 |

| 가격 | 10,000원 |

UNESCO
세계문화유산 등재를 위한
대·경 기독교 역사문화 연구

사문진 나루터에서
청라언덕까지

| 사청 순례길에 남겨진 역사와 문화 |

추천의 글

대한민국 기독교 근대역사문화 유산들을 발굴하여 보존하고 세계문화유산으로 등재하기 위한 '사단법인 한국순례길'이 2023년 5월 26일 출범했습니다. 기독교 관점에서 '순례길'이란 기독교 출발의 역사적 현장인 거룩한 도성(都聖) 예루살렘을 찾아가며, 기독교가 담고 있는 그 정신을 이어가도록 조성되어 방문자들이 걷는 길을 지칭합니다. 이러한 의미에서 각 나라와 지역마다 기독교 역사와 문화를 담은 유적지들을 발굴하여 순례길을 조성하고, 예루살렘과 영원한 천국을 사모하며 걷는 묵상의 길을 만들며, 순례길을 조성하고 있습니다.

특별히 '한국순례길'은 현대 기독교 역사문화 유적지들을 세계문화유산으로 등재하기 위하여 기독교 역사의 현장인 유적지들을 발굴하여 보존 관리하고, 선교사들의 헌신과 희생을 통하여 이루어 놓은 업적들을 세상에 드러내어 그 중요성과 가치를 밝혀 빛나게 하며, 그리스도인에게는 자신을 성찰하게 만들며, 궁극적으로 하나님의 영광을 선포하기 위한 열망에서 시작되었습니다. '한국순례길'은 전국에 귀중한 역사문화 유산으로 남아 있는 현장들을 보고 느끼면서 '힐링을 넘어 영성으로, 방랑자에서 순례자로' 기독교 정신을 이 지구상에서 재현하는 일을 위해 헌신할 것입니다.

'한국순례길'이 출범한 이후 속초·고성지부 출범에 이어 대구지부가 출범하게 되었습니다. 특별히 대구지부 지부장으로 협력하실 박성근 장로님께 깊이 감사드립니다. 근대 역사문화의 출발지가 된 청라언덕을 중심으로 사방으로 펼쳐진 대구의 기독교 문화재들은 보고 듣는 자들에게 큰 감동과 도전을 주기에 충분합니다. 이곳을 중심으로 사방으로 연결된 등록된 문화재들을 순례길을 통해 탐방하고, 역사를 되새기며, 그 속에 담긴 기독교 정신을 다시 일으켜 나약해져 가는 한국교회에 활력을 불러일으키는 대전환의 기회가 되리라 확신합니다.

이번 대구지부 출범에 즈음하여 황봉환 교수께서 대구·경북 순례길 제2길인 "사문진 나루터에서 청라언덕까지"란 주제로 대구 기독교 유적지들의 역사적 토대와 그 발전 과정들을 세밀하게 연구한 책을 출간하게 되어 매우 기쁘게 생각하며, 숨겨진 역사의 현장과 그 현장의 사건들을 글로 담아낸 저자의 노고에 감사드립니다. 기독교 역사문화 유적지에 대해 한갓 지나가는 스토리텔링으로 꾸며낸 것이 아니라 역사의 현장들을 생생하게 전달하며, 가꾸어 보존하려는 대구지부의 노력에 박수를 보냅니다. 이 책을 읽는 모든 이는 기독교 역사문화의 현장들을 보고 들음으로 기독교 유산들을 잘 보존할 뿐만 아니라 우리 후손들에게 귀중한 유산으로 물려주어야 할 것입니다. 숨겨지고 묻혀 있는 기독교 역사문화 유적들이 세상에서 더 많이 알려지고, 많은 순례자가 방문하여 그 가치를 인정하는 현장이 되기를 기대합니다.

2024년 1월 15일

사단법인 한국순례길 이사장 **전재규** 장로

사문진 나루터에서 청라언덕까지

들어가면서

들어가면서

　사문진이란 명칭의 기원에 대해서는 두 가지 설이 있다. "화원읍 본리리"(인흥마을)에 있었던 인흥사(仁興寺)라는 큰 사찰로 가는 관문이기 때문에 절 사(寺) 자를 써 사문진(寺門津)으로 불렀다는 설(說)이 있고, 다음으로 강가에 모래가 있고, 포구를 통해 배들이 소금이나 목재 등을 싣고 들어오고 이 지역에서 만들어진 물건이 다른 지방으로 가는 문이라고 해서 모래 사(沙) 자와 문 문(門) 자를 써서 사문진(沙門津)으로 불렀다는 설이 전해지고 있다. 역사적 관점으로 추정할 때 전자보다는 후자가 더 신빙성이 있다고 사료된다.

　사문진 나루터는 낙동강과 금호강이 합류하는 지점의 남쪽에 위치하여 하천 교통의 요지이자 대구의 관문 나루였다. 이 나루터는 낙동강 상류와 하류를 잇는 무역선이 드나들었던 이름난 포구로, 일본에서 이입된 물품들을 보관하기 위해 민간과 관청에서 무역창고를 설치했는데, 이 창고를 왜물고(倭物庫) 또는 화원창(花園倉)이라고도 했으며, 낙동강 물자수송의 중심지 역할을 한 역사적(歷史的) 장소로 활용되었다.

조선왕조 세종[1] 28년(1446년) 말경에 설치하여 성종[2] 17년(1486년)에 문을 닫을 때까지 40년 동안 설치되어 있었다. 특별히 조선시대 낙동강은 중요한 역할을 했던 수송로였다. 왜물(倭物) 중 소요품은 농한기에 육로로 한강 상류까지 운반하고, 이곳에서 다시 선편으로 서울의 용산에 수송했다. 대구로 들어온 물자의 약 2/5가 대구의 시장을 통해 소비되었고, 나머지는 대구를 중계지로 하여 부산과 낙동강 상류 지역으로 수송되었다.

사문진 나루터

---

1) 세종의 생몰연도: 1397~1450, 재위: 1418년 8월~1450년 2월.

2) 성종의 생몰연도: 1457~1494, 재위: 1469년 11월~1494년 12월.

낙동강은 백두대간의 중심 위치인 태백산맥을 중심으로 동편과 서편으로 물줄기가 흘러내린다. 동편의 계곡 황지연못에서 발원한 물줄기가 봉화, 영주, 예천, 안동, 상주, 구미, 대구, 밀양, 삼랑진, 김해를 통해 부산 을숙도를 끼고 바다로 흘러간다.[3] 이처럼 낙동강과 그 지류는 분지의 물을 모아 남쪽으로 내려보내면서 대소 평야를 형성하고 있다. 1900년 초 한국에 입국한 선교사들을 중심으로 한 한국선교부는 협의에 따라 안동, 대구, 경주를 비롯한 경북 전 지역을 미국 북장로교의 선교지역으로 정했다. 따라서 경북 전 지역은 미국 북장로교에서 파송한 선교사들이 사역했으며, 유독 장로교가 강세를 형성한 곳이다.

경상감영

---

3)　강원도 태백산맥 동편에서 발원하여 3개 도(강원, 경북, 경남)를 관통하며 흘러내리는, 대한민국에서 가장 길고 넓은 강이 낙동강이다. 낙동강의 총 길이는 6,525km이다.

경상도의 관찰사가 대구에 있어 사람이나 물자들을 낙동강 배편을 통하여 실어오고 사문진 나루터에서 내려 대구읍성으로 운반했다. 현재 사문진 나루터의 주막촌 주변에는 이곳 명물인 수령 500년으로 추정되는 팽나무가 있고, 과거 이 주변에 '나루깡'이라는 장(場)이 열려 대파, 참외, 수박 등이 거래되었으며, 배가 드나드는 포구였기에 홍수 시에는 배를 묶어 놓는 선착장 역할을 했다고 전해진다. 한때 정부의 4대강 사업으로 인하여 팽나무가 사라질 위기에 놓였으나 달성군의 노력으로 보존되었으며, 2013년 옛 주막촌이 복원되어 멋진 휴식공간으로 재탄생되었고 대구시민들의 휴식공간으로 이용되고 있다. 특별히 대구에 처음으로 피아노가 들어온 것을 기념하여 피아노 조형물이 설치되어 있고, 해마다 피아노 연주회가 열리고 있다.

사문진 나루터에서 청라언덕까지

I장

사문진 나루터와
대구 기독교 역사

I장

사문진 나루터와
대구 기독교 역사

낙동강과 사문진 나루터는 대구의 기독교 역사와 밀접한 관계가 있다. 부산에서 육로(영남대로)를 통해 대구에 첫발을 디딘 선교사는 윌리엄 베어드(William M. Baird) 선교사 가족이다. 베어드 선교사 가족은 1891년 1월 29일에 부산에 도착했다. 베어드 선교사는 4년 동안 부산을 중심으로 사역하는 중에 경상도 북부지역을 순회하며 복음을 전하려는 계획에 따라 그는 서경조 전도사와 조랑말을 타고 부산을 떠나 밀양과 청도, 팔조령과 가창을 거쳐 1893년 4월 22일에 대구에 도착했다. 이후 베어드는 경상도 북부지역(상주, 용궁, 풍산, 안동, 영천, 경주, 울산)을 한 달정도 순회하며 기독교에 관한 서적들을 나누어 주고 복음을 전하면서 부산으로 돌아왔다.[1]

그 후 베어드 선교사는 1894년 대구를 다시 방문했고, 1896년 1월

---

1)　박창식, 『동산선교 이야기』(대구: 뉴룩스, 2012), 41~42. 베어드 선교사는 1893년 4월 17일부터 5월 20일까지 1,240리의 길을 걸으며 교통도 불편한 상황에서 경북 지역을 돌며 복음을 전하는 전도여행을 했다. 참조, 박창식, 『경북기독교회사』(서울: 코람데오, 2001), 62.

에 대구읍성의 남문인 제1관 입구 왼편 성벽 가까이에 있는 정완식 씨 소유의 땅을 선교부지로 매입했다.[2] 대구에서 1년간의 선교사역 후에 교육담당 고문으로 서울로 올라갔으며, 1097년에 평양으로 옮겨갔다. 평양으로 올라간 베어드 선교사는 1897년 숭실보통학교를 세웠고, 1901년에 교명을 '숭실학당'이라고 개칭했다. 학당은 1905년에 중학부와 대학부로 분립하였으며, 대학부는 후일에 숭실대학(1912년)으로 발전하였고 베어드 선교사가 초대 학장으로 봉직한 후 물러났다.[3]

윌리엄 베어드 선교사가 서울로 떠난 이후 대구에 두 번째로 입성한 선교사가 아담스(James E. Adams) 선교사이다. 아담스 선교사와 그의 부인 넬리 딕(Nellie Dick)은 미국 북장로교 소속이었다. 그들은 한국 선교사로 임명을 받아 1895년 5월 29일에 부산에 도착했다. 베어드 선교사의 후임으로 아담스 선교사 가족이 대구 선교부의 책임자로 임명되었다. 1897년 11월 1일에 아담스 선교사 가족의 짐이 낙동강을 통해 배편으로 대구에 들어왔다. 미국 선교사의 이삿짐이 낙동강 배편을 이용하여 대구에 처음으로 도착한 것이다.[4]

이후 미국 북장로교 소속 선교사 사이드보탐(Richard H. Sidebotham, 1874~1908, 한국 체류 기간: 1899~1908)은 1889년 25세의 청년으로 내한한 후 부산을 경유하여 1900년 3월 26일 대구 선교부로 부임하여 1년간 활

---

2) 윌리엄 베어드 선교사는 정완식 씨의 땅 420평(초가 5동과 와가 1동)을 선교부지로 매입했다. 이곳이 현재 대구 약전골목 내에 있는 구 대구제일교회 부지이다.

3) 전재규·황봉환 공저, 『청라 정신과 대구·경북 근대문화』(고양: 우리시대, 2022), 42.

4) 손상웅, 『대구·경북 교육선교와 교육선교사 1』, 38. 박창식은 아담스 선교사 가족이 낙동강 배편으로 대구에 늘어왔다고 기록했다. 이것은 사실과 다르다. 박창식, 『동산선교 이야기』, 59~60.

동했다. 그 후 그는 부산으로 내려가 일본인 거류지 내의 주택에 거주하며 7년 동안 부산 서북부지역을 담당하는 선교사로 활동했다.[5] 사이드보탐 선교사 부부가 대구 선교부로 부임하면서 한국에서 최초로 피아노(Piano)를 부산에서 낙동강 배편으로 실어와 사문진 나루터에 내리고, 3월 26일부터 28일까지 16km의 거리를 짐꾼 20여 명이 3일간 상여처럼 메어 대구읍성 안에 있는 선교사 주택(구 대구제일교회 자리)으로 옮겼다.[6] 이때 피아노를 옮겼던 이들과 피아노 소리를 처음 들은 대구읍성 사람들은 빈 나무통 안에서 소리가 나는 것을 매우 신기하게 여기고는 통 안에서 귀신이 내는 소리라 하며 피아노를 '귀신통'이라 불렀다고 한다.

사문진 나루터에 조성된 피아노 조형물

그 후 1년 뒤인 1901년 5월에 우드브리지 존슨(Woodbridge O. Johnson) 선교사의 아내인 에디스 파커(Edith M. Parker)가 미국에서 보낸 피아노 한

5) 이상규, 『부산지방에서의 초기 기독교』(부산: 한국교회와역사 연구소, 2019), 198~199. 사이드보탐 선교사 부부는 대구에서 선교활동을 중단하고 부산으로 내려와 7년간 활동하면서 당시 영선동교회(현 초량교회), 절영도교회(현 제일영도교회), 자갈치교회(현 항서교회) 등의 일에 관여하며 부산지역 초기 교회 형성에 기여했다. 또 그는 부산·경남 지방에서 4개 처에 교회를 설립했다. 그 교회들이 창원군 오호(五湖)교회(1904), 김해군 일천(日泉)교회, 부산항서교회(1905) 그리고 합천군 초계(草溪)교회(1906)이다.

6) 1900년 3월 26일 기록: "아침 일찍 사문진 선착장에 도착해보니, 피아노는 낙동강변에 놓여있었다. 20여 명의 짐꾼들이 모여 밧줄을 만들고 대구에서 가져온 상여용 막대 2개를 피아노 양옆에 대고 운반도구를 완성했다."

대가 사문진 나루터를 통해 대구로 들어왔다. 미국 북장로교가 파송한 존슨과 파커 선교사는 대구에 파송된 최초의 의료선교사 부부였다. 존슨과 파커 선교사는 1897년 6월 21일에 미국 북장로교에서 한국 선교사로 임명을 받았고, 10월 28일에 결혼한 후 11월 18일에 미국을 떠나 12월 22일에 부산에 입항했다.[7] 부부가 부산에 도착하자마자 대구 선교부의 아담스 선교사의 부인 넬리 딕 선교사의 출산이 임박했으니 곧장 대구로 와달라는 전갈을 받고 12월 25일(성탄절)에 파커 선교사는 가마를 타고, 존슨 선교사는 조랑말을 타고 3일간 강을 건너고 논들 사이를 지나고 팔조령을 넘어 힘겨운 여행 끝에 대구 남문을 통과하여 그들이 머물 남문 안 초가집에 도착했다.[8]

　파커 선교사가 한국으로 보낸 피아노는 1901년 5월에 대구에 도착했다. 사이드보탐 선교사가 보낸 피아노에 이어 두 번째로 대구에 도착한 피아노였다. 1899년 미국 북장로교 소속 선교사로 파송을 받아 1899년 10월 26일에 대구에 도착하여 선교 활동을 하던 헨리 브루언(Henry M. Bruen, 1874~1957) 선교사가 30명의 짐꾼과 함께 화원 사문진 나루터로 가서 일꾼들이 피아노를 상여처럼 어깨에 메고 16km 정도의 거리인 대구읍성까지 옮겼다.[9] 이후 파커 선교사는 1907년부터 신명 여학교 교사로 재직했다.

7) 　박창식, 『동산선교 이야기』, 154. 손상웅, 『대구·경북 교육선교와 교육선교사 1』(경북 경산: 영남신학대학 출판부, 2022), 105. 전재규·황봉환 공저, 『청라 정신과 대구·경북 근대문화』, 44~45.

8) 　박창식, 『동산선교 이야기』, 154. 손상웅, 『대구·경북 교육선교와 교육선교사1』, 105.

9) 　손상웅, 『대구·경북 교육선교와 교육선교사1』, 106~107.

짐꾼들이 무거운 피아노를 상여 메듯 옮기는 장면

넬리 딕 선교사(아
담스 선교사의 부인)와 마
사 스콧 브루언(Martha
Scott Bruen, 헨리 브루언
선교사의 부인) 선교사
는 1907년 10월 15
일에 대구 선교부 구
내 주택에서 '여자소

학교'(Girl's Academy)를 시작했다. 이 학교가 후일에 신명여학교가 되었
다.[10] 후일에 파커 선교사는 그녀가 대구에 부임하면서 가지고 온 피
아노를 대구 신명여학교에 기증했다.

　1900년경 대구의 선교사 주택 건축을 위한 목재들을 낙동강을 통
해 운반했다. 특별히 존슨 선교사는 화포 돛을 단 배에 목재들을 싣
고 열심히 노를 저어 사문진에 도착하여 그것들을 강둑으로 끌어올렸
다. 1900년 가을에 매입한 선교부지에 선교사들의 가옥들이 건축되기
시작했다. 집을 건축할 목재는 25마일(약 40km) 밖에서 벌채하여 여름
의 우기를 틈타 낙동강 강물에 뗏목처럼 떠내려 보냈고, 존슨 선교사
와 브루언 선교사는 돛단배를 타고 강으로 들어가 떠내려오는 목재들
을 강둑으로 건져 올렸다. 그러나 상당수는 강을 따라 바다로 떠내려
갔다. 고용된 인부들은 건져 올린 목재들을 10마일이 넘는 선교부지까

---

10)　전재규·황봉환 공저, 『청라 정신과 대구·경북 근대문화』, 44.

지 운반했다.[11]

이처럼 한국에서 처음으로 들여온 피아노를 비롯하여 초기 선교사들이 대구로 부임할 때 그들이 가지고 온 짐들이 부산 해안의 항구로부터 낙동강을 통해 운반되었고, 선교사들의 주택을 짓기 위한 목재들도 낙동강을 통해 사문진으로 들여왔다. 이 당시는 배를 통해 가장 가까운 경로로 대구에 올 수 있는 길이 낙동강을 이용하는 것이었다.[12] 1900년대 말경 대구는 인구가 가장 많은 경상도의 중심지였다. 경상감영(관찰사)이 있는 행정과 약령시가 열리는 상업의 중심지였으며, 교통상으로 볼 때 서울과 부산이 연결되는 지점에 위치하고 있어 낙동강 수로를 통해 부산과 경북 북부지역까지 왕래할 수 있었고 물자들을 수송할 수 있었다.[13] 이처럼 당시 사문진 나루터는 낙동강에서 경상감영이 설치된 대구읍성으로 물류를 운반했던 중요한 역사적(歷史的) 장소이다.

11) Howard F. Moffett, *The Early Years of Presbyterian Dongsan Hospital Taigu, Korea*, 김영호 엮음, 『동산기독병원의 초기역사와 선교보고』(서울: 미션아카데미, 2016), 49.

12) Donald R. Fletcher, *By Scalpel and Cross: A Missionary Doctor in Old Korea*, 이용원 역, 『십자가와 수술칼』(대구: 동산의료선교복지회, 2021), 243~244.

13) 박창식, 『경북기독교회사』, 63.

II장

청라언덕:
복음전도와 의료선교

II장

청라언덕:
복음전도와 의료선교

1900년을 전후하여 대구에 첫 미국인 선교사들이 들어오고, 선교 사역과 관련된 물자들이 낙동강을 통해 배편으로 대구에 들여왔던 사 문진 나루터는 지금도 대구·경북 사람들의 사랑을 받는 장소가 되었 다. 대구에 부임한 기독교 선교사들의 헌신적인 노력으로 교회, 학교, 병원, 나환자 치료소가 세워지고 근대문화가 꽃피게 된 배경에 선교사 들의 숨은 노력과 한국인을 사랑하는 그들의 마음이 고스란히 흔적으 로 남겨져 있다. 대구에서 선교사들이 중점적으로 사역했던 분야는 복 음전도(교회), 교육(학교), 의료선교(병원)였다. 이 사역이 시작되고 꽃이 핀 장소가 대구의 청라언덕이다.

1. 복음전도와 교회설립

1) 대구에 입성한 아담스(James E. Adams, 1895~1965) 선교사 가족

구 대구제일교회

미국 시카고에 있는 맥코믹 신학교를 졸업한 아담스는 1894년 결혼한 해에 목사 안수를 받았다. 선교에 대한 열정을 가지고 있었던 아담스는 그의 누님(애니 베어드, Annie L. A. Baird)이 윌리엄 베어드(William M. Baird)와 결혼하여 부산지부에 선교사로 와 있었기 때문에 한국의 부산 지부 선교사로 임명되어 1895년 5월 29일에 부산에 도착했다.[1] 그런데 베어드 선교사가 1896년 1월에 서울로 이동해 감에 따라 아담스 선교사가 대구신교지부를 맡게 되었다. 따라서 아담스 선교사는 낙동강 배편을 이용해 이삿짐을 먼저 보낸 후에 임신 8개월이 된 부인 넬리 딕과 딕 선교사를 돌볼 간호사 마리아 L. 체이스 선교사, 어학 선생 김재수와 함께 나귀를 타고 12일 동안 10,000마일의 여행 끝에 1897년 11월 1일에 대구에 도착했다.[2]

베어드 선교사의 후임으로 대구에 부임한 아담스 선교사는 베어드 선교사가 매입한 대구읍성 안 선교부지인 사랑방에서 예배를 드렸다. 이 예배가 대구 땅에서 드려진 첫 예배가 되었다. 이것이 대구에서 교회가 시작되는 첫 예배였고, 이곳을 모체로 대구에 첫 교회인 '야소교회당'(耶蘇教會堂)이 시작되었다.[3] 이 '야소교회'가 모체가 되어 후에 '남성정교회'로 개명한 후에 대구제일교회로 교회명이 개칭되었다. 아담스 선교사가 대구선교기지에 온 후 3년이 지나도록 한국인 개종자가 없었으나 1900년 봄에 의료선교사 존슨의 조사로 일했던 서자명이 출

---

1) 박창식, 『동산선교 이야기』, 58~59.

2) 손상웅, 『대구·경북 교육선교와 교육선교사 1』, 38.

3) 박창식, 『동산선교 이야기』, 62~63. 대구에 최초로 교회가 설립될 당시 "야소교회당"이란 간판으로 시작했다. '야소교회당'이란 명칭은 당시 '천주교회당'과 구별하기 위해 사용한 것으로 볼 수 있다. 선교사들은 이 교회가 대구에서 세워진 첫 교회였기 때문에 이 교회를 '제일교회', '도시교회', '대구읍교회', '대구읍예배당', '성안 예배당', '성내교회', '성내예배당', '남문안예배당', '남문내교회', '남문내예배당' 등 다양한 이름으로 불렀다.

석함으로 아담스의 어학 선생 김재수와 함께 한국인 신자가 두 사람이 되었다. 그해 7월 29일에 선교부지의 원 소유주인 정완식과 김덕경이 출석함으로써 한국인 신자가 4명으로 늘어나게 되었다.[4]

2) 대구의 첫 교회와 아담스의 선교활동

아담스 선교사는 대구 '남문안예배당'(후에 '남성정교회'와 '대구제일교회'로 개명됨)에서 성경의 내용으로 설교하고, 어린이들과 성인들에게 복음과 기초적인 교리들을 가르치면서 선교 활동을 시작했다. 아담스 선교사의 선교 업적은 교회를 개척하면서 교회 안에 학교를 조직하여 어른들과 어린이들을 가르치는 교육에 전념한 것이었다. 1900년 가을에 아담스 선교사와 한국인 교인들이 협력하여 남자 소학교를 운영하기로 함에 따라 '대남소학교'를 설립했다. 이것이 소학교로서는 경상북도에서 최초였다.[5]

---

4) 박창식, 『동산선교 이야기』, 62. 후에 서자명은 아담스와 브루언 선교사의 조사가 되어 경산, 영천, 성주 등지를 순회 전도하면서 교회를 설립하고 조사로 섬기기도 했다. 대구제일교회 90년사 중 1898년 12월 18일에 모였던 제1회 당회록에 따르면 "기도로 본회를 개최하다. 안의와 목사와 김재수 조사가 참석하다. 서면욱(서자명을 가리킴)과 정완식 양인이 학습 문답하여 믿음과 결심한 증거가 만족함으로 학습인으로 세우기로 결정하야 다음 주일에 학습세우다. 서기 안의와"로 되어 있다. 이상근, 『대구제일교회사』(대구: 대구제일교회, 1983), 63~64. 박창식, 『동산선교 이야기』 67쪽에서 재인용 함.

5) 손상웅, 『대구·경북 교육선교와 교육선교사 1』, 39. '남문안교회' 초가집 안에서 10~15명이 등록했고, 7~8명이 출석하여 5개월간 수업했다. 평양 소학교의 수업과정을 본보기로 삼아 한문, 성경, 산술, 지리를 가르쳤다. 아담스 선교사가 교장직을 맡았다. 대구 '남문안예배당'에서 시작한 '대남소학교'와 여자부소학교(후에 신명여자소학교)가 개교하였다. 1914년 5월 10일에 '대남소학교'는 '희원학교'로, '신명여자소학교'는 순도학교로 개명되었다. 1926년 두 학교가 '희도보통학교'로 통폐합되었다가 1938년 4월 1일에 '희도심상소학교'로, 1941년엔 '희도국민학교'로, 1955년 3월 28일에는 '종로초등학교'로 변경되어 오늘에 이른다. 박창식, 『경북기독교회사』, 77.

대구 종로초등학교

1902년에 아담스 선교사는 경북 각처 교회에 400원씩 보조하여 소학교를 설립하게 하였고, 각 교회는 학부대신의 인가를 얻어 소학교를 설립했다.[6] 아담스 선교사의 업적은 여기서 끝나지 않았다. 그는 1903년에는 남자 조사반을 열어 성경지리와 설교 등을 가르쳤다. 1904년에는 학생 수가 증가하여 200명, 1905년에는 400명, 1908년에는 900명이나 되었다. 같은 해에 아담스 선교사는 여성들의 교육과 사

---

6) 1903년에 설립한 소학교는 김천군 송천교회의 양성학교, 선산군 죽원교회의 장성학교, 괴평교회의 선명학교, 1905년에 선산군의 숭례교회의 영명학교, 성상교회의 관성학교, 경산군 신기교회의 계동학교, 송서교회의 보경학교, 김천교회의 사숙 등 1906년 8월에 26개 학교로 늘어났다. 1907년 칠곡군 숭도교회의 보흥학교, 선산군 월호교회의 영창학교, 오가교회의 광면학교, 상모교회의 사숙, 김천군 파천교회의 사숙, 고령군 개포교회의 개포학교, 경산군 송림교회의 당리학교, 칠곡군 죽전교회의 사숙, 의성군 실업교회의 사숙, 영천군 평천교회의 기독양덕학교, 1908년에는 영덕군 장사교회의 장사학교, 영천군 신령교회의 흥화학교, 청도군 다동교회의 사숙, 김천군 월명교회의 장성학교, 김천군 유성교회의 광륜학교, 대양교회의 영흥학교, 복전교회의 기독명성학교, 경산군 봉림교회의 기독도명학교, 동호교회의 계남학교, 전지교회의 진신학교, 당곡교회의 숭덕학교, 칠곡군 진평교회의 극명학교, 왜관교회의 사숙, 영천군 우천교회의 기독진도학교, 달성군 현내교회의 현내학교가 설립되었고, 1909년에는 의성군 비봉교회가 기독계신학교를 설립했고, 1910년에는 김천군 동부교회의 영진학교, 충기교회의 광기학교, 영일군 포항교회의 영흥학교 등이 설립되었다. 손상웅, 「대구·경북 교육선교와 교육선교사 1」, 41~42.

회 진출을 위해 여자 학습반을 열었다.

1904년 12월 28일에는 시골 여성들을 위한 겨울사경회를 열었다. 약 13개 농촌 교회에서 60여 명과 대구에 거주하는 여성 약 20여 명이 참석하여 모두 80명이나 모인 가운데 12일 동안 계속되었다. 같은 시기에 6주간 열린 남자 사경회에 등록한 30명도 초청을 받았고, 주일 오후에 부인용 사랑방에서 100명 이상이 참석하여 예배를 드렸다.[7] 1905년 초에 기독 청소년을 위한 성경 학교 교육 프로그램도 만들었고, 1906년 6월 말에는 장로와 권서(勸書)를 위한 학습 과정도 있었다.

손상웅 목사는 "이 과정이 조사반 과정처럼 보인다."고 했다.[8] 1906년 12월엔 지도자와 일반인 양성을 위한 과정이 대구에서 처음으로 열렸고, 참석한 135명은 교회 지도자의 의무와 학교 조직을 공부했다.[9] 이후에도 아담스 선교사는 대구뿐만 아니라 경산, 청도, 영천과 청송까지 선교지역으로 삼아 복음을 전하고 여러 교회를 설립하고 가르치면서 새 신자를 많이 얻었다. 지금도 대구, 경산, 청도에는 아담스 선교사에 의해 세워진 120년이 넘는 교회들이 역사의 현장으로 보존되고 있다.

---

7)   손상웅, 『대구·경북 교육선교와 교육선교사 1』, 43.

8)   Ibid., 43~44.

9)   Ibid.

2. 의료선교를 통한 기독교 유산들

1) 의료선교사 존슨(Woodbridge O. Johnson)과 제중원 설립

초대 의료선교사 존슨

의료선교사 존슨 부부는 1897년 12월 22일에 부산항에 도착했다. 그들은 부산에 도착하자마자 대구로 올라와 주면 좋겠다는 전갈을 받고 3일간 힘겨운 여정을 거쳐 12월 25일에 대구에 도착했다. 대구에 온 존슨 부부는 먼저 대구에 와 있었던 아담스 선교사 부부와 선교사 사택에서 함께 살았다.[10] 존슨 선교사는 2년 후인 1899년에 대구의 열악한 의료상태를 보면서 의료사업의 필요성을 절감했다. 그래서 간이진료소로 사용할 목적으로 선교사 사택지 내에 자그마한 마루방이 달린 별채를 꾸민 후 미국에서 보내온 의약품을 가지고 "미국약방"이라는 간판을 내걸고 진료를 시작했다.[11] 이것이 대구 최초의 의료기관의 시작인 '제중원'의

---

10) 대구에 온 존슨 선교사는 한국인을 상대로 해야 하는 의료사역을 위해 한글을 배우는 것이 시급했다. 그는 조용한 곳에서 한글을 배우기 위해 물색하던 중에 대구에서 약 12마일(약 20km) 떨어진 파계사를 택하였고, 그곳에서 한국어 교사와 함께 거처를 정하고 한글을 배웠으며, 주말에는 가족을 만나기 위해 대구읍성으로 돌아왔다. 사찰의 스님들은 서양인 선교사에게 조용하고 깔끔한 방 하나를 따로 내어주었고, 식사도 제공해 주면서 친절하게 대해 주었다고 했다. 선교사 하워드 마펫은 영어로 'Pae kee Sha'라고 기록했다. Howard F. Moffett, 김영호 엮음, 『동산기독병원의 초기역사와 선교보고』, 42.

11) 미국에 주문한 의약품들은 1899년 7월에 도착했다.

탄생이었다. 이 '제중원'이 오늘날 계명대학교 동산병원의 전신이 되었다. 그러므로 존슨 선교사가 동산병원의 기초를 놓았으며, 제1대 동산병원장이었다고 말할 수 있다.

존슨 선교사의 노력과 헌신적인 진료로 인하여 그의 명성이 크게 알려졌고, 진료소를 찾는 환자들도 많아졌다. 환자들이 몰려와 통제를 벗어날 수 없게 되자 존슨 선교사는 철조망으로 진료소에 울타리를 치기도 했다. 이렇게 좁은 선교사 사택의 비좁은 마루에서 진료가 이루어지면서 선교부지를 좀 더 넓은 곳으로 옮기기로 하고 물색하던 중에 남산벌에 있는 달성서씨 서상돈 씨의 소유지 일부를 매입하게 되었다.[12]

미국약방 및 제중원

12) 선교사 주택에 살고 있던 선교사들을 괴롭힌 것들이 많았다. 소음, 연기, 냄새, 개 짖는 소리, 다듬이 방망이 소리, 무당 굿하는 소리, 인분 냄새, 굴뚝에서 내뿜는 매운 연기 등이 그들을 괴롭게 했다. 그래서 어느 저녁 무렵 아담스, 브루언, 존슨 세 선교사가 지금의 구 동산병원이 있는 언덕에 올라가서 성안의 냄새와 소음과 연기에서 벗어날 수 있고 공기도 좋고 전망도 좋은 이곳을 일부 매입하기로 했다. 선교사들이 이곳에서 대구읍성을 바라보고 이 불모지 언덕을 매입하면서 브루언 선교사는 이렇게 적었다. "창조주 하나님께서 우리 선교부를 위해서 예비해 놓은 땅이다. 저녁때 언덕에서 시가지를 내려다보면 다윗이 압살롬과 싸워 이긴 후 세운 다윗의 망대와 같은 성문 꼭대기를 제외하고는 연기에 자욱한 시가지를 신비스럽게 바라볼 수 있다". Howard F. Moffett, 김영호 엮음, 『동산기독병원의 초기역사와 선교보고』, 46~47.

1899년 가을부터 남산벌 동산에서 건축이 시작되었다. 아담스 선교사와 브루언 선교사도 가세하여 함께 건축에 참여했다.[13] 동산에서의 간이진료소는 1899년 성탄절 직전에 개원했다. 1900년 여름까지 간이진료소에서 1,700명의 환자를 받았으며, 그중에 800명이 새로운 환자였다. 그 기간에 50회의 수술이 행해졌고, 80번의 환자 가정을 방문하여 치료하기도(왕진) 했다. 1901년 존슨 선교사는 과중한 진료로 인하여 병을 얻어 자리에 눕게 되었고, 한 달여간 부산에서 올라온 동료 선교사인 어빈(Charles H. Irvin, 한국명 어을빈) 선교사의 간호와 내과 의사였던 시릴 로스 부인(Mrs. Cyril Ross)의 치료와 간호를 받으면서 회복되었다. 존슨 박사 부재 시에 존슨 선교사의 진료 조수인 한국인 서자명 씨가[14] 간이진료소를 지키며 가벼운 환자들을 치료하기도 했다.

이렇게 시작된 제중원에는 1901년 이후 1년 사이에 환자의 수가 2,000명이나 되었다.[15] 병원의 명성은 경상북도 전역에 알려졌고, 그만큼 환자의 수도 증가했다. 1903년 새 병원을 건축하기 위해 벽돌공

---

13) 선교사 주택을 짓기 위해 벽돌을 쌓는 기술자와 중국인 석수장이는 서울에서, 일본인 목수들은 부산에서 구하여 데려왔다. 사택 문들은 미국 시카고에서 주문해 왔고, 철물은 샌프란시스코(San Francisco)에서 가져왔다.

14) 서자명(徐子明, 1860~1936) 씨는 존슨 선교사가 대구에 제중원을 개원하고 그의 의료 조수(助手)로 고용한 최초의 사람이었다. 그는 아담스 선교사가 대구에서 전도하여 얻은 최초의 세례교인이었다. 그는 1898년 12월 18일 학습을 받고, 1899년 6월 16일 세례를 받았다. 그는 존슨의 의료 조수로서 병원 내에서 전도를 주도하여 존슨에게 '병원 전도자'(hospital evangelist)라고 불렸다. Howard F. Moffett, 김영호 엮음, 『동산기독병원의 초기역사와 선교보고』, 44.

15) 사이드보탐 선교사의 보고에 따르면 존슨 선교사는 많은 환자의 수에 쫓겨 그 뜻을(한국어 학습) 이룰 때가 드물었고, 더 나아가 진료를 받지 못한 환자가 남지 않은 저녁이 또한 드물었다고 했다. 다양한 질병의 환자들이 많아 사이드보탐 선교사와 브루언 선교사도 조수로서 외과 수술에 가담하기도 했다. Howard F. Moffett, 김영호 엮음, 『동산기독병원의 초기역사와 선교보고』, 56.

이 서울에서 왔고, 병원 건축 자금은 미국 필라델피아 주에 있는 '제이 장로교회'에 속한 메리 라이트 여사(Mrs. Mary H. Wright)였다. 그녀의 기부금으로 병원 건물이 건설되었으나 1905년에 있었던 심한 태풍으로 무너져 이듬해인 1906년에 다시 1,250달러를 투자하여 재건했다. 1907년에서 1908년 동안에 이 병원을 찾은 환자의 수가 5,000명에 이르렀다.[16] 이후 존슨 선교사는 건강 악화로 안식년을 갖기 위해 1905년에 도미하여 1년을 보낸 후 돌아왔지만(1906년 여름) 한번 약해진 건강이 회복되지 못하고 재발했다. 당시 안동선교지부가 개설됨으로 의료선교사업이 좀 한가할 것이라는 생각으로 옮겨갔지만, 안동에서도 밀려드

동산기독병원(1930년대)

---

16) Ibid., 60.

는 환자들로 인하여 전혀 도움이 되지 않았다.[17]

존슨이 안식년을 보내기 위해 도미한 후 그의 후임 사역을 널(Marion M. Null, 1871~1969) 선교사가 맡았다.[18] 널 선교사는 오전에는 한국어를 배우고 오후부터는 진료를 계속했다. 그는 1905년 6월을 전후하여 교회학교에서 가르치는 일에도 참여했다. 무리한 시역으로 1905년에 몸져눕기도 했다. 1905년 8월 1일부터 1906년 8월 1일까지 1년간 제중원은 6,060건의 진료 중 150건의 작은 수술도 감행했다. 1906년에 널 선교사는 의료진 5명을 대동하고 경주로 가서 순회 의료여행을 하기도 했다. 1906년에 이르러 그의 사역 자체가 과중하였고, 피곤이 쌓여 병을 얻어 건강이 악화되었다. 따라서 널 선교사를 청주 선교부의 의료선교사로 내정하여 옮겨갔으나 다시 건강이 악화되어 1907년에 선교사직을 사임하고 도미했다.[19]

1년의 안식년 후에 한국에 돌아온 존슨 선교사는 과로로 인하여 건강이 회복되지 않아 1912년 11월 15일에 정든 대구를 작별하고 고국으로 돌아갔다. 부임 당시 28세와 26세였던 우드브리지 존슨과 에디 파커 부부가 대구에 부임한 지 15년 만에 젊음을 바쳤던 대구를 떠났

---

17) 동산의료선교복지회, 『한 알의 밀알 되어: 70인의 선교사 이야기』(대구: 동산의료선교복지회, 2021), 60.

18) 널 선교사는 1902년 3월에 선교사로 지원했고, 1903년 3월에 한국으로 파송되어 1903년 9월 27일에 부인과 함께 한국으로 향했다. 1903년 11월에 대구 선교부로 배속되어 대구로 내려왔다. 손상웅, 『대구·경북 교육선교와 교육선교사1』, 265.

19) 손상웅, 『대구·경북 교육선교와 교육선교사 1』, 265. 266~267. Howard F. Moffett, 김영호 엮음, 『동산기독병원의 초기역사와 선교보고』, 63~64. 널 선교사 이후에 1911년부터 로이 스미스(Roy K. Smith) 선교사 부부가 제중원에서 봉사했고, 2년 후엔 스펜서 호이트(H. Spencer Hoyt) 선교사 부부가 초기 대구병원(제중원)에서 봉사했다.

다.[20]

2) 아치볼드 플레처(Archibald G. Fletcher)와 선교업적

(1) 플레처와 동산기독병원

아치볼드 플레처는 1909년 미국 북장로교 소속 의료선교사로 한국에 입국했다. 그는 처음 원주에 선교지 배정을 받았으나 재령으로 갔다가 서울로 돌아왔다. 그 후 안동에서 선교 활동을 하던 소텔(C. C. Sawtell) 선교사가 장티푸스에 걸려 대구로 후송되었을 때 플레처는 안동 선교지부로 배치를 받고 안동에서 의료선교를 시작했다.[21] 1910년 존슨 선교사의 후임으로

아치볼드 플레처 선교사

대구에 부임한 플레처 선교사는 1911년에 존슨 선교사의 뒤를 이어 제2대 제중원(동산기독병원) 원장으로 취임했으며, 그 후 동산기독병원과

---

20) 존슨과 파커 선교사 부부가 한국을 떠날 때 조선 선교부에서는 그들의 사역에 대하여 다음과 같은 헌시를 바쳤다. "우리는 선교회의 창립회원인 존슨 의사 내외의 사임 기사를 읽고 슬퍼하고 있다. 그들은 1897년에 내한하여 비위생적인 도시환경에서 의료사업을 시작하다 결국 발진티푸스에 걸렸다. 목숨은 건졌으나 몸은 극도로 쇠약해져서 원기를 회복할 희망을 단념해야 했다. … 그의 이름은 그가 한평생을 바쳐 사역한 사람들에게 오래오래 기억되며 사랑을 받을 것이다." 동산의료선교복지회, 『한 알의 밀알 되어: 70인의 선교사 이야기』, 62.

21) 플레처 선교사는 안동으로 와서 선교사역을 할 당시 대구로 후송된 소텔(C. C. Sawtell) 선교사를 치료하기 위해 대구로 왔으나 소텔 선교사는 1909년 11월 16일 28세라는 젊은 나이로 하나님의 부르심을 받았다.

한센병 치료를 위해 그의 젊음을 불태웠다. 플레처의 헌신적인 경영으로 동산병원과 애락원의 의료사업은 크게 발전했다.

1914년 플레처 선교사는 안식년을 얻어 영국과 미국을 방문하면서 병원 신축을 위한 기금을 마련했다. 존슨 선교사 당시 지은 병원 건물은 낡았고 협소하여 신축이 불가피했다. 그는 해외에서 후원받은 3,000달러의 예산으로 외래진료소를 증축하기로 했다. 플레처의 의료사업은 급속도로 확장되었다. 1916~1917년의 선교보고서에 따르면 한 작은 의료선교 기관이 보고한 내용은 매우 인상적인 통계수치를 보여주었다고 전한다. "외래환자로 치료받은 사람의 수가 17,047명이고, 입원치료를 받은 사람들이 749명, 280건의 수술이 있었다."[22]

특별히 1918년 4월 이전까지의 플레처 선교사의 사역은 우리의 가슴을 뭉클하게 만든다. 그의 의료사업 업무량은 늘어만 갔고 대구 선교지부에 제2의 의료선교사를 파송해 달라고 미국 해외선교부에 요청했지만 파송할 사람이 없다는 답변만 돌아왔다. 플레처 선교사는 밀려드는 환자들을 외면할 수 없어 아침부터 저녁 늦게까지 환자들을 치료했다. 결국, 플레처 선교사는 피를 토하고 쓰러졌다. 서울 세브란스병원으로 이송되어 급성 폐결핵 진단을 받았다. 플레처는 치료와 요양을 위해 가족과 함께 1918년 4월 1일에 한국을 떠났다. 그는 2년 반 동안 미국에서 치료를 받고 휴양하면서 건강이 회복되었고, 존스홉킨스

---

22) Donald R. Fletcher, 이용원 역, 『십자가와 수술칼』, 165.

전도회 회원들과 아치볼드 플레처, 1930년

대학교에서 폐결핵에 관한 연구에 몰두했다. 건강을 회복한 후 플레처 선교사는 1920년 가을에 한국으로 다시 돌아왔고, 한국의 해외선교 실행위원회는 그와 함께 사역할 스미스 박사(Dr. Roy Kenneth Smith)와 그의 가족을 대구로 파송했다.[23]

---

23) 스미스 박사는 서울 세브란스병원의 임시직원으로 의료선교에 종사했다. 1920년에 대구 선교부로 와서 일하면서 안동지방까지 순회 진료를 담당했다. 그는 1922년 황해도 재령으로 전임되었고, 이곳에서 평양으로 전임된 1934년까지 의료사업에 헌신했다. 1940년 평북 선천지방으로 전임되어 41년까지 사역했다. 1950년에 은퇴하여 아내와 함께 귀국했다. 아들 도널드 플레처는 그의 책에서 이렇게 기록했다. " … 치료할 수 있는 것보다 더 많은 환자를 돌보고 집으로 돌아온 후 지쳐서 푹 쓰러지면서 피를 토했다. 아담스 선교사가 달려와 플레처를 도우면서 서울에 있는 세브란스 병원으로 긴급 메시지를 보냈다. 플레처를 진료하기 위해 대구로 내려온 의사는 러들로 박사(Dr. Alfred I. Ludlow)였다. 그는 플레처가 정밀 진단을 받도록 서울로 이송했고 세브란스 병원은 그에게 급성 폐결핵 진단을 내렸다. 플레처의 의료 선교사역은 멈추었다. 더 이상 일할 수 없다는 진단에 따라 그의 가족은 1918년 4월 1일에 미국에서 치료를 위해 한국을 떠났다. 플레처가 건강상의 문제로 가졌던 휴가 기간은 2년 반이나 되었다. 미국에서 건강을 회복한 후 그는 존스홉킨스대학교(Johns Hopkins University)에서 폐결핵에 관한 연구에 몰두했다. 건강을 회복한 후 그는 1920년 가을에 한국으로 다시 돌아왔다." Donald R. Fletcher, 이용원 역, 『십자가와 수술

플레처 선교사가 한국에 다시 돌아온 후의 의료사업은 더 크게 발전했다. 특별히 주목할만한 일은 플레처 선교사가 몰려드는 환자들을 치료하면서도 그들에게 복음을 전하는 일을 게을리하지 않았다는 점이다. 플레처는 1921년 2월에 병원 전체 직원 26명을 회원으로 '병원전도회'(Hospital Preaching Society)를 조직했다. 전도회를 조직한 것은 병원에 내원한 모든 환자의 육체적 질병뿐만 아니라 영혼의 구원을 위하여 적극적으로 사역하기 위함이었다. 그래서 전도회 회원으로 가입한 자들은 봉급의 1%를 전도회 헌금으로 내어 운영경비로 이용했으며, 복음전도자(Hospital evangelist)와 전도부인(bible woman)을 두어 환자들을 심방하며 기도하고 말씀을 전했다.[24] 그리고 병원전도회는 환자들이 돌아간 지역과 마을에 전도자들을 파송하기도 했고, 팀을 만들어 매월 임무를 바꾸어가며 지역에 가서 전도했다.[25] 1922년에는 간이진료소와 병동에서 타종교로부터 개종한 기독교 신자들의 수가 300명가량이었

칼』, 178~181.

24) 대구동산기독병원 전도회는 1921년 2월 기독교 정신에 입각한 의료봉사와 복지사업을 통해 기독교 복음을 전하자는 목적으로 창립되었다. 당시 26명의 전 직원이 회원으로 가입하여 창립한 해부터 1941년까지 대구·경북 지역에 총 112개의 교회를 설립했다. 전도회는 모든 회원의 급여 1%를 봉사를 위한 기금으로 내놓고 있으며, 현재까지도 이어져 오고 있다. 초기에 활동한 전도자는 서자명이었고, 전도부인은 유기경씨였다. 이들이 전도회를 대표하는 자들이었고, 전도회는 이들에게 봉급을 주었다. 병원전도회의 활동으로 1921년부터 1941년까지 약 20년 동안에 147개의 지역교회가 설립되었다. 전도회가 개척하여 현재까지 남아있는 대표적인 교회는 남광교회, 대명교회, 동촌교회, 월배교회, 팔달교회, 평리교회 등이며, 대구 시외에 있는 교회로는 건천제일교회, 경주 아화교회, 구룡포교회, 영천 금호교회, 청도신읍교회, 칠곡동명교회 등이다. 이러한 교회설립은 세계선교 역사에 유례가 없는 일이었다. 동산의료선교복지회, 『한 알의 밀알 되어: 70인의 선교사 이야기』, 143. Donald R. Fletcher, 이용원 역, 『십자가와 수술칼』, 198.

25) 병원전도회는 분명한 목적을 가지고 활동했다. 첫째는 모든 환자에게 복음을 전하는 것, 둘째는 가능한 많은 환자를 기독교인으로 개종시키는 것, 셋째는 새로운 개종자 중 많은 수를 교회에 정착하도록 하는 것이었다. 동산의료선교복지회, 『한 알의 밀알 되어: 70인의 선교사 이야기』, 141.

다고 보고했다. 개종자들의 숫자는 해마다 늘어났다. 하워드 마펫은 이렇게 기록했다.[26)]

　1929년 플레처 박사는 대구 읍성 내에 3,000명이 넘는 크리스천이 살고 있으며, 교회는 다섯개나 된다고 보고하였다. 물론 대구 선교지부의 의료사업이 종래의 편견을 타파하고 불신의 장벽을 제거함이 있어 주도적 역할을 수행한 것은 재론의 여지가 없다. 해마다 대구의료원에 약 18,000명의 환자들이 치료를 받기 위해 몰려왔다. 통상 이들은 친척이나 친지를 동반하였으므로 말하자면 매년 30,000명이 넘는 사람들이 병원에서 복음을 들었다 해도 과언이 아닐 것이다.

　1932년에 이르러 동산기독병원의 전도사업으로 예수님을 영접한 신자들의 수만 해도 1,000명에 다다랐다고 했다.[27)] 1934년경에는 플레처와 그의 의료진이 연간 1,000명의 입원환자를 돌보았고, 약 5,000여 명의 각종 간이수술환자를 수술했다. 1927~1928년 사이에 새로운 간이진료소를 건립하기 위해 10,000달러를 지원했다. 플레처 선교사는 1931년에 35,000달러의 비용으로 새 병원 건물을 건립했으며, 현재까지도 사용되고 있다.[28)] 또 플레처 원장은 1922년에 대구에

26)　Howard F. Moffett, 김영호 엮음, 『동산기독병원의 초기역사와 선교보고』, 96.

27)　Donald R. Fletcher, 이용원 역, 『십자가와 수술칼』, 93.

28)　미국에서 35,000달러를 모금한 플레처 박사는 대구 최초의 서양식 병원인 대구동산병원을 지어 준공했다. 1931년에 준공된 병원의 입원 병상이 80병상으로 늘어났다. 이 병원 건물은 태평양 전쟁 당시 일본군들이 경찰병원으로, 한국전쟁 때는 국립경찰병원 대구분원으로 사용되기도 했다. Donald R. Fletcher, 이

온 스펜서 호이트(Spencer Hoyt, MD)와 1923년 12월에 대구에 온 간호사 클라라 헤드버그(Clara Hedberg, RN)의 도움을 받았다. 헤드버그는 간호사들을 양성하고 봉사하는 책임을 지고 사역하였으며, 1941년 추방되어 귀국할 때까지 18년 동안 헌신적으로 일했다.[29]

전재규 박사

이후 유능한 한국인 의사들도 국내외에서 수학하고 돌아와 병원에서 일하고, 많은 외국인 의사들과 간호사들도 동산기독병원에서 일했다. 특별히 동산기독병원에서 일생을 바친 전재규 박사는 하워드 마펫 원장으로부터 동산병원에서 함께 일하자는 초청을 받고 미국 병원에서의 의사 활동을 접고 동산기독병원으로 돌아와 한국 최초의 마취과 의사로 재직하는 중에 마취과를 '마취통증의학과'로 개명하는 일에 주도적 역할을 했으며, 한국호스피스협회를 창립하여 회장직과 초대 이사장직을 맡으면서 협회 발전에 크게 기여했고, 동산기독병원에서뿐만 아니라 계명대학교 의과대학 학장으로 봉사하기도 했다.[30] 이러한 기독교 정신과 역

용원 역, 『십자가와 수술칼』, 90~92.

29) 동산의료선교복지회, 『한 알의 밀알이 되어: 70인의 선교사 이야기』, 144.

30) 류재양 저, 황봉환 엮음, 『향기 짙은 인생 여정』(서울: Human & Books, 2023), 30, 90.

사의 바탕 위에 세워진 동산기독병원은 계명대학교 캠퍼스 내에 새 병원을 건립하고 2019년 4월 5일에 개원했다. 병원명을 '계명대학교 동산병원'으로 확정했다. 현재 지하 5층, 지상 20층의 초현대식 건물로 총 1,104 병상을 보유하고 있다.

(2) 플레처와 대구애락원

제2대 동산기독병원 원장으로 취임한 플레처는 환자들 진료와 복음전도에 힘쓰면서도 대구 · 경북 지역의 한센병 환자들에게 특별한 관심을 기울였다. 플레처에게 한센병 환자 사역은 이차적인 사역이었다. 따라서 교단 지원을 받지는 못하고 초교파적인 나환자 선교회로부터 도움을 받으면서 활동했다. 플레처 선교사가 한센병 환자들에 대하여 깊은 관심을 두기 전에 대구에서 첫 한센병 환자를 만난 사람은 존슨 선교사이다. 1908년 어느 날 한 젊은 승려가 존슨을 찾아왔다. 그는 손가락과 발가락이 떨어져 나간 증세가 심한 한센병 환자였다. 이것이 존슨과 한센병 환자의 첫 만남이었다. 대구 선교지부의 보고에 의하면, 그해 존슨 선교사는 병원 근처에 초가집 한 채를 마련하고 10명의 한센병 환자를 수용하여 치료하기 시작했다. 이것이 대구에서 한센병 환자 사업의 시작이었다. 존슨 선교사에 의해 시작된 한센병 환자 사업은 동산기독병원 2대 원장인 플레처에 의해 크게 발전되었다.[31]

---

31) 동신의료선교복지회, 『한 알의 밀알 되어: 70인의 선교사 이야기』, 57.

6인의 한센인

　존슨 선교사에 이어 제2대 제중원 원장직을 맡은 플레처의 마음에 한센병 환자의 치료에 대한 고민이 사라지지 않았다. 플레처는 1911년 안동에서 사역할 때 한국의 남부 지역에 한센병 환자가 있다는 것을 알았다. 그래서 그는 이렇게 기록했다.[32]

　한국의 남부에서 일하고 있는 의사인 나는 인도가 쓰라린 종기(open sore)를 가진 유일한 나라가 아니라는 것을 알았습니다. 누군가가 말했듯이 이 "인간의 마지막(butt ends of human beings)" 그것은 모든 면에서 또 모든 단계에서 볼 수 있는 것입니다.

---

32)　Donald R. Fletcher, 이용원 역, 『십자가와 수술칼』, 119~120.

플레처 선교사가 입국하기 전인 1904년 한국에는 나환자 대책위원회(Committee on Leper Work)가 설치되어 있었다. 몇 년 후 인도와 동양지역 나환자 선교회(The Mission to Lepers in India and the East)라는 영국의 한 단체의 도움을 받아 남부 항구도시 부산에 작은 수용시설을 두고 있었다. 대구에서는 병원 시설이 빈약하고 환자들이 붐볐으므로 한센병 환자들을 격리 수용하여 치료할 수 있는 한센병 환자 병동이 없었다. 그렇게 고민하는 시기에 그의 진료실에 두 소년이 들어왔다. 그 소년들이 한센병 환자였고, 그들의 발은 끔찍할 만큼 망가져 있었다.[33] 이 한센병 환자들의 이야기를 듣고 플레처 선교사는 자기 주머니를 털어 부엌이 딸린 작은 방 하나가 있는 초가집을 사서 그들이 살 수 있게 해주었다.[34]

한센병 환자들에게 이러한 관심을 두고 있었던 플레처 선교사에게 한 소식이 들려왔다. 1913년 인도와 동양지역 나환자 선교회를 창립한 웰즐리 베일리(Wellesley Cosby Bailey) 부부가 한국에 온다는 소식이었다. 플레처 선교사는 9월 말 그들을 대구로 초청했다. 큰 장이 열리는 날 장터(오늘의 서문시장) 건너편 공터에 모여든 한센병 환자들을 보았다.

---

33) "그 소년들은 한센병으로 발가락 대부분이 떨어져 나가고 없었으며, 남은 발도 감각을 잃어버렸다. 그들은 가족에게 쫓겨나고, 집이 없어서 다른 집에 몰래 들어가서 마루 아래 굴뚝이 지나가는 자리 옆에 공간이 있는 곳에서 잠을 자곤 했다. 그들은 모두 여섯 명으로 나이 많은 사람, 젊은 사람도 있었다. 모두 같은 마을 사람들이었다. 그들은 함께 지내면서 동냥하여 얻은 것을 함께 나누어 썼고, 서로 의지하며 살고 있었다." Donald R. Fletcher, 이용원 역, 『십자가와 수술칼』, 121~122.

34) 플레처 선교사는 이 환자들을 위해 고가의 대풍수(chaulmoogra) 기름 치료를 시행할 수는 없었고, 대신 생명이 붙어 있는 동안 충분한 음식을 먹고 사는 것으로 만족할 수밖에 없었다고 기록했다.

웰즐리 베일리 부부

손과 발이 망가져 버린 이들은 사람들이 먹다 남은 음식이나 그들에게 던져주는 것은 무엇이든 받아 가려고 깨진 바가지를 들고 다녔다. 상인들이 장을 마치고 짐들을 챙기고 있을 때 플레처 선교사와 베일리 부부가 함께 이곳에 왔다. 이곳에서 한센병 환자들을 본 베일리 씨는 "아픈 마음은(이) 그의 목을 메이게 했다"고 말했다. 그리고는 "우리가 무엇인가를 더 해야 하겠네요. 그들 중에 20명을 택하세요. 당신이 그들을 어떻게 돌볼 수 있을지를 알아봅시다"라고 했다.[35]

이후 플레처 선교사는 한센병 환자들을 치료하는 병원을 세워야 한다는 생각으로 하나님께 무릎을 꿇고 기도하기 시작했다. "주 하나님이여, 저희에게 돈을 마련해 주세요. 소망의 빛이 저 버림받은 사람들의 삶에 비추게 하옵소서, '내가 살아있으니 너희도 살게 되리라'라고 말씀하신 예수 그

---

35) Donald R. Fletcher, 이용원 역, 『십자가와 수술칼』, 125.

리스도의 이름으로 기도합니다."[36] 예수님은 플레처의 간절한 기도를 들으셨다. 베일리 부부가 대구를 방문했던 바로 그 주간에 영국인 한 사람이 영국 나환자 선교회에 5,000달러를 보내왔다는 것이다. 그 기부금 가운데 2,000달러를 대구 나병자병원을 위해 보내온 것이다. 1914년 플레처 선교사는 열대성 질병에 관한 연구를 위해 안식년을 앞당겨 영국 런던에 있는 '열대의학교'(School of Tropical Medicine)에 가기 위해 한국을 떠났다. 3개월간의 공부를 마치고 뉴욕을 거쳐 1915년 5월 15일에 다시 돌아와 병원 사역을 계속했다. 1916년 봄에 나환자병원 부지를 찾던 중 이상적인 부지(달성군 달서면 내당동)를 찾아서 매입했다.[37]

1917년 5월 6일 플레처 선교사는 영국과 미국에서 보내온 선교헌금으로 남녀병동과 진료실과 예배당을 짓고 준공했으며, 병원명을 '대구나병원'으로 개칭했다. 그해 9월에는 대구나병원 개원 경축 행사를 열었다. 이때 약 3,000명의 사람이 모여 바닥에 멍석을 깔고 줄지어 앉고, 애락원 건물 3동의 헌당식을 가졌다.[38] 1918년 미국 서버지니아주(West Virginia) 파커스버그(Parkersburg)에 있는 파커스버그 선교연맹(Parkersburge Missionary Federation)이 기부금을 보내주고 뉴저지주의 프린스

---

36) Ibid., 125~126.

37) Ibid., 455(1만 8천여 평의 부지를 매입함). 1913년 '대구나환자병원'으로 시작하여 1915년 '대영나병자구료회 조선지부 유지재단'이라 칭하였고, 1917년 '대구나병원'으로 원명을 개칭했다. 대구애락원 편, 『설립 100주년 기념화보집』(대구: 늘푸른하늘, 2013), 18~19. Donald R. Fletcher, 이용원 역, 『십자가와 수술칼』, 165에서 재인용.

38) Donald R. Fletcher, 이용원 역, 『십자가와 수술길』, 249.

턴대학교(Princeton University, 1735년 통나무 대학으로 시작함) 재단이 앤더슨 기념관(Anderson Memorial)을 건립하도록 도왔다. 조선을 지배하던 일본 정부도 7,700엔을 지원해 주었다. 플레처 선교사는 그 기부금으로 한국식 병동 한 동을 증축하여 환자 140명을 수용했다.[39]

대구애락원

대구·경북 지역의 한센병 환자 치료를 위한 10개의 진료소 설치를 호소하는 플레처의 소책자가 'Hospital Social Service' 지에 기고문 형식으로 게재되었다. 1926년 11월에는 지역에 있는 한센병 환자 치료를 위하여 진료소 10곳을 계획한 플레처의 청원 가운데 3곳이 정부 당국의 허락을 받았다. 1927년 9월에 '미국구라선교회'의 후원금 5,000

---

39) Ibid., 249~251.

달러로 애락원에 예배당을 건축하여 헌당했다. 1927년 가을에 군위에 한센병 환자 치료소 설립을 위한 건축을 시작하여 1928년 봄에 준공했다.[40] 특별히 1926년~1927년까지의 보고를 보면 한센병 환자 치료를 위해 37,843회의 주사가 행해졌고, 환자들의 2/3가 피부궤양을 앓았고, 매일 상처 소독이 필요했으며, 1927년에는 72,124회의 소독 치료가 행해졌다고 기록하고 있다.[41]

1928년 3월 8일 애락원에 한국식 병동 1동을 증축하여 환자 402명을 수용하게 되었다. 그 후 플레처 선교사는 1928년 봄부터 1929년 6월까지 가족들과 함께 마지막 안식년을 마치고, 미국 프린스턴을 떠나 서부까지 여행한 뒤에 8월에 대구로 돌아왔다. 대구로 돌아온 플레처 선교사는 안식년 휴가 기간에 모금한 기금으로 동산기독병원과 애락원 발전을 위해 사용했다. 1930년 7월 2일에는 대구애락원의 식당을 증축하고 남녀별로 구분하여 사용하도록 했다. 1931년 초에 한센병 환자 치료를 위한 두 번째 치료소가 의성에도 설립되었다.[42] 1931년 3월에 플레처 선교사는 도쿄 제국대학에서 개최된 일본의 제4차 '한센병 연구연합회'(The Leprosy Association of Japan) 연례선교대회에 참석하여 "한센병 치료제 대풍수 나무 기름의 과다 투여(Massive Doses of Chaulmoogra Oil in the Treatment of Leprosy)"와 "한센병 환자 치료를 위한

---

40) Ibid., 262.

41) Ibid., 258.

42) Ibid., 281.

전국 단위의 병원이나 진료소(Country Clinics or Dispensaries for Treatment of Leprosy)"라는 논문을 발표했다. [43]

1931년 4월 5일에 애락원 각 병실에 난방시설을 설치했으며, 1932년 7월 11일에 대구애락원 중앙 봉사관 건물(The Central Service Building) 1동과 축사 4동을 신축하여 원생 전원에게 양돈을 장려하여 스스로 개척할 수 있게 했다. 1933년 8월 16일에 대구애락원 축산숙직실 1동을 신축했고, 1934년 4월 7에 대구애락원 농우사 및 부화실을 신축하여 원생에게 양계를 장려하기도 했다. [44] 플레처 선교사가 이렇게 물질과 함께 자신을 헌신한 것은 대구애락원에 있는 원생들의 식생활을 개선하려는 목적도 있었지만, 한센병으로 마음과 정신이 황폐해진 그들에게 무엇인가 남에게 유익하고 의미 있는 일을 하도록 길을 열어주기 위해서였다. [45]

플레처 선교사는 대구 애락원이 전 세계에서 가장 위생적이고 효과적으로 한센병 환자들을 치료하는 병원이 되도록 노력한 사람이었다. 특별히 일본 관리들은 한센병 환자를 돌보는 일에 종사하는 플레처 선

---

43) Ibid., 276~277. 이러한 논문의 발표는 군위 치료소에서 얻은 3년간의 경험을 포함하고 있다. 그 지역에서 한센병으로 고통받는 사람들이 많았다. 군위 지역에서 경찰은 20명의 환자가 치료를 받았다고 했으나 그 치료소 명부에는 70명의 환자 이름이 올라와 있었다. Ibid., 277. 동산의료선교복지회, 『한 알의 밀알 되어: 70인의 선교사 이야기』, 148~149.

44) 이 당시 애락원 축산부서에서는 미국 구라선교회의 도움을 받아 많은 가축을 주문해 들여왔다. 영국으로 부터는 버크셔 돼지를, 캘리포니아로부터는 닭, 토끼, 비둘기를, 일본으로부터는 홀스타인 젖소를 들여왔다. 이 농장을 만들고 플레처 선교사와 협력하여 일했던 선교사는 본 챔니스 목사(Rev. Oliver Vaughan Chamness)였다.

45) Ibid., 260~261.

교사를 높이 평가하면서 일본제국이 수여하는 영광스러운 휘장, "곤쥬호쇼"(Konju Hosho)를 수여했다.[46] 플레처 선교사의 애락원에 대한 애정과 헌신은 멈추지 않았다. 그는 1936년 5월 8일에 대구애락원 병동 2동을 신축하여 원생들 662명을 수용할 수 있도록 했다. 1938년 9월 5일에 플레처 원장이 사재를 투자하여 한센병 미감아 약 40명을 수용할 건물을 신축했으며, 660명의 남자, 여자, 어린이에게 기숙시설과 돌봄을 베풀었다.[47] 일본의 통치로 인한 비통하고도 처참한 환경 속에서 살아가는 환자들과 한센병 환자를 위해 가족과 함께 일생을 바치는 플레처 선교사의 희생정신은 하나님의 사람들이 지녀야 할 정신이다.

이 당시 30년이 넘도록 한반도를 무력으로 점령하고 나라의 국권과 자유를 빼앗아간 일본은 전 세계를 일본의 손아귀에 넣으려는 야심찬 계획을 진행하고 있었다. 1934년부터 조선총독부를 통해 신사참배에 한국 교회 대표들이 참여하도록 강요했고, 1940년부터는 일본 경찰의 감시와 압력이 거세져 외국 선교사들의 선교 활동도 거의 불가능하게 되었다. 한국의 애국지사들은 하와이, 미국, 중국 상하이 등에서 민족의 자유와 국권 회복을 위한 독립운동을 펼치며 헌신적으로 일생을 보내고 있었다. 일본제국은 그들에게 걸림돌이 되는 미국의 군사력을 파괴할 목적으로 1941년 하와이 진주만을 공격했다.

---

46) Ibid., 327. 특별히 1930년부터 일본의 황태후(The Empress Dowager)가 한센병 환자들을 위해 매년 자신의 개인 금고에서 1,000엔씩 기부해 주었다. 그녀의 아들인 천황 히로히토도 500엔씩을 더해 보냈다. 플레처는 그 돈 7,500엔을 저축하여 80명의 남성 환자들이 기숙할 수 있는 2층 벽돌 기숙사를 건축하는 데 사용했다. Ibid., 328.

47) Ibid., 331.

이러한 역사의 소용돌이 가운데서 일본은 한국의 영구적인 통치를 목적으로 외국 선교사들을 추방하기 시작했다.[48] 플레처 선교사는 한국에 남아 계속 선교하기를 원했으나 일본 당국의 감시를 피해 한국을 떠나야만 하는 상황에 직면했다. 마침내 대구 선교지에서 기도하고, 사역하고, 헌신했던 모든 일을 내려놓고 1942년 6월 2일 정든 애락원을 등지고 한국을 떠나게 되었다.[49]

3) 하워드 마펫(Howard F. Moffett)과 선교업적

(1) 하워드 마펫과 동산기독병원

하워드 마펫 선교사는 1947년 미국 북장로교에서 한국 선교사로 파송을 받고, 1948년 12월 의료선교사로 대구 동산기독병원에 도착했다. 마펫 선교사가 대구에 와서 6개월이 지난 후 1949년 6월에 제7대 동산기독병원장에 취임했다.[50] 마펫이 원장에 취임한 지 1년만인

---

48) 1941년 2월 28일 한국에서 사역하던 14명의 선교사가 강제로 출국해야 했고, 이후로 많은 선교사가 구금되었으며, 1941년 말경에는 18명의 선교사만 남았으며, 대구에서 플레처와 아담스 선교사도 1년간 자택에 구금되었다. 동산의료선교복지회, 『한 알의 밀알 되어: 70인의 선교사 이야기』, 157~158.

49) 플레처 선교사 가족 역시 일본에 의해 강제 추방당하여 부산을 떠나 시모노세키, 고베, 도쿄, 홍콩, 사이공, 싱가포르, 인도양의 포르투갈령 로렌수마르케스(현재의 모잠비크 수도 마푸투항), 캐나다를 거쳐 미국으로 귀국했다. 동산의료선교복지회, 『한 알의 밀알 되어: 70인의 선교사 이야기』, 168. Donald R. Fletcher, 이용원 역, 『십자가와 수술칼』, 401.

50) Howard F. Moffett, 김영호 엮음, 『동산기독병원의 초기역사와 선교보고』, 123. 동산의료선교복지회, 『한 알의 밀알 되어: 70인의 선교사 이야기』, 338~339. 하워드 퍼그스 마펫은 1917년 8월 16일 평양 선교사 주택에서 사무엘 마펫(Samuel A. Moffett) 선교사와 루시아 피시 마펫(Lucia F. Moffett) 선교사의 둘째 아들로 태어났다. 그는 평양에서 1935년 고등학교를 마치고 미국으로 가서 그해 휘튼대학에 입학했고, 졸업 후 노스웨스턴대학교(Northwestern University) 의과대학에 진학했다. 1943년 졸업 후 루이지애나주(State of Louisiana) 뉴올리언스(New Orleons)의 채리티병원(Charity Hospital)에서 인턴 수련을 받고 미 해군에 입대하여 3년간(1944~1947) 서남태평양 해군기지에서 의무장교로 복무했다. 당시 동산기독병원에는 의사 14명, 인턴 7명, 졸업 간호원 22명, 학생 간호원 17명, 기타 고용인 72명을 합쳐

1950년 6월 25일에 전쟁이 발발
했다. 그는 대구동산병원 운영을
황용운 부원장에게 맡기고 1950
년 6월부터 일본 나고야에 있는
미국 공군기지에서 살았다. 그는
한국전쟁 시 미공군 군의관으로
입대하여 한국에 다시 오게 되었
다.[51] 전쟁이 끝나고 1956년 그가

1990년대 초 대구에서
하워드 마펫(왼쪽)과 그의 아내 마거릿

그리워하던 한국으로 돌아왔고, 1957년 여름에 동산기독병원으로 돌
아왔다.

　　마펫 선교사가 없는 동안 케네스 스콧(Kenneth Scott) 박사가 원장직을
수행했다.[52] 6.25전쟁 후라 전국에서 발생한 전쟁 고아는 약 20만 명
이었다. 고아원이 대구 시내에만도 20곳, 근교에는 29곳이 있었다. 마
펫 선교사는 고아의 아버지로 불리는 선명회(World Vision)의 로버트 피
어스(Robert Willard Pierce)로부터 5만 달러, 유엔한국재건단(UNKAR)과 주
한미군 대한원조처(AFAK)의 원조를 받아 3층 건물 60병상을 갖춘 아동

132명이 근무하고 있었다.

51)　그가 군의관으로 입대하여 1950년 10월 21일 평양에 갔을 때 "처음 만난 사람들 가운데 기독교인인지를
　　물었을 때, 그렇다고 대답했고, 마 목사를 아는지 제게 물었습니다. 이 이름은 아버지의 한국식 이름입니
　　다. 내가 누군지 확인되자 그들은 오래 잃어버린 형제처럼 나를 반겼고, 지나는 거리에서 사람들에게 이야
　　기하기 시작했습니다. … 아버지를 알고 모든 평양의 선교사들에 관해 듣고 싶은 사람들이 저희를 뒤따랐
　　습니다." 손상웅, 『대구·경북 교육선교와 교육선교사 1』, 342.

52)　마펫 선교사가 농산기독병원장에 복귀함으로 스콧 박사는 서울 세브란스병원으로 옮겨갔다.

병원을 1953년 10월에 준공했다.[53]

마펫은 대구에서 선진의료기술 보급에 심혈을 기울였다. 1959년 기증받은 X-선 치료기(250V X, 100KV X선)로 암의 방사선 치료를 시작했다. 그는 한국에서 처음으로 방사성동위원소실을 시작하여 1967년에 빙사성동위원소인 Iodine-131을 이용히여 갑상선암 환자의 치료에 획기적으로 기여했다. 1962년 11월에 방사성동위원소인 기듐 226을 도입하여 자궁경부암에 대한 강내 조시를 실시했으며, 1964년 11월에 개설한 신경외과는 '자발성 척수경막의 혈종' 치료의 성공적인 사례를 국내 최초로 보고하기도 했다. 1967년에는 미국 클리블랜드 클리닉의 콜프(William Kolff) 의사로부터 인공신장기 한 대를 기증받아 급성 신부전증 환자들을 치료한 것이 국내 혈액투석의 효시가 되었다.[54]

마펫 원장은 동산기독교병원을 일류 병원으로 만들려고 우수한 의사, 간호사, 병리학 전문인들을 초빙했다. 특별히 현대의학의 병리기술 분야를 선점하기 위해 1958년 동산기독병원 부속 병리기술학교를 개설해 1992년 이 학교가 폐교될 때까지 우수한 병리기사를 많이 배출했다.[55] 마펫 선교사의 가장 빛나는 업적은 1967년에 세운 병원 발전 5개년 계획이었다. 마펫은 5개년 계획이 끝나는 1972년까지 예상을 초월하는 후원금을 모금했다. 그는 107만 달러를 들여 외래진료소

---

53) 손상웅, 『대구·경북 교육선교와 교육선교사 1』, 346. Howard F. Moffett, 김영호 엮음, 『동산기독병원의 초기역사와 선교보고』, 126.

54) Ibid., 348.

55) Ibid., 350. 병리기술학교는 1959년 12월 5일에 1회 졸업생을 배출했다. 1965년 한국에서 처음으로 실시한 전국임상병리기사 국가자격시험에 동산기독병원 학생 전원이 합격했다.

를 신축했고, 102만 5,000달러를 들여 신구관병동 사이의 연결건물을 지었으며, 13만 5,000달러를 들여 분원을 확장하고 시설을 개선했다. 또 각종 의료장비를 구입하거나 교체하는 데 24만 5,000달러, 직원 주택을 짓는 데 15만 달러를 사용했다.[56] 특별히 발전 5개년 계획에 가장 크게 헌신한 사람은 스톤(W. Clement and Jessie V. Stone)이었다. 그는 63만 7,500달러를 약속하고 기부했다.[57]

마펫은 의료선교의 궁극적인 목적을 복음전도에 두었다. 의료선교는 수단이었고, 목적은 복음전도였다. 대구동산기독병원은 이러한 정신과 설립이념에 따라 전 직원으로 하여금 복음전파 정신을 고취시키고, 선교적 사명을 다하려고 노력했다. 복음전파를 위한 노력으로 병원을 중심으로 주변 지역에 157개의 교회가 설립되었고 교회의 전도와 교육 강화에 직원들이 헌신했다. 이렇게 복음전파에 가담했던 직원들은 병원 일과 전도사역에 함께 종사했다. 병원 일을 끝내고 환자들의 출신 마을로 달려가서 예수님을 증거했다.[58] 마펫 선교사는 1993년 1월 15일 한국에서의 의료선교사역에서 은퇴하고 미국으로 귀국했다.

---

56) 병원 발전 5개년 계획이 시작된 1967년 6월 24일, 6층 1,470평의 입원병동과 11층 1,681평의 간호학교 및 기숙사 건물, 신구관을 잇는 연결 복도, 레크리에이션 센터 등이 준공됐다. 손상웅, 『대구·경북 교육선교와 교육선교사 1』, 363.

57) Ibid., 364.

58) 당시 경북에만 500개의 장로교회가 있었다. 이러한 결실을 거두는 일에 병원전도회가 주도적인 역할을 한 것도 사실이다. Howard Γ. Moffett, 김영호 엮음, 『동산기독병원의 초기역사와 선교보고』, 130.

(2) 하워드 마펫과 대구애락원

마펫 선교사는 1949년 아치볼드 플레처에 이어 대구애락원 5대 원장으로 취임했다. 이후 그는 이사장과 원장직을 번갈아 가며 37년간 한센병 환자들을 섬겼다. 특별히 마펫은 한센병 환자들의 생활 안정을 위해 1957년 달성군 구지면 수리리에 약 12에이커(52,608㎡, 15,915평)의 정착지를 마련하여 한센병 환자 105명을 정착시켜 자활하게 했다. 1962년에는 한센병 환자들을 사회에 복귀하도록 하는 일에 정부와 협력하여 경북 의성군 금서면 도경리에 경지 450에이커(1,821,060㎡, 550,890평)의 부지를 확보하여 300명의 한센병 환자를 위한 자활촌을 건설하여 살 길을 열어주었다. 1964년에 마펫 선교사는 애락보건병원을 신축하여 수많은 한센병 환자를 돌보았고, 1968년 8월 16일에 병원 명칭을 '대구애락보건병원'으로 변경했다. 그러나 1980년대 들어서면서 한센병이 소멸되고 환자들이 줄어듦에 따라 일반 병원으로 바꾸어 1995년부터 진료를 시작했고, 2004년에는 '대구애락원'으로 명칭을 변경했다.

(3) 하워드 마펫과 의과대학 설립

마펫의 의료선교에서 가장 빛나는 업적은 종합대학으로 승격한 계명대학교와 동산기독병원을 병합하여 계명대학교 동산의료원으로 재출발하면서 의과대학을 신설한 것이다. 1970년대에 들어서면서 동산기독병원도 의과대학 설립의 필요성을 절감하게 되었다. 그러나 동산기독병원 단독으로는 의과대학을 설립힐 수 없었고 의과대학을 설립하기 위해서는 종합대학이 있어야 했다. 당시 계명대학교도 의과대학

1970년대 후반 동산기독병원

을 설립하는 일에 종합병원이 필요한 상황이었다. 만일 두 기관이 합병한다면 계명대학교가 의과대학을 설립할 수가 있었다.

마펫 선교사가 생각할 때 두 기관은 같은 설립이념을 가지고 선교사들의 기도와 지원을 받으면서 성장해 가는 중이었다. 그래서 마펫은 동산기독병원과 계명대학교 양 재단의 합병을 추진하기로 결심하고, '동산기독병원', '동산간호학교', '대구애락보건병원' 등 3개 기관을 계명대학교와 합병하는 사업을 추진했다. 이 과정에서 병원에서 일하는 직원들 사이에 합병에 반대하는 '동산기독병원수호위원회'가 결성되어 합병 반대의 목소리를 높였다. 그러나 두 기관의 합병에 대한 병원장인 마펫 선교사의 의지는 확고했다. 그가 시대의 변화를 읽고 있었기 때문이었다. 특별히 선교사들은 병원 사업을 위해서 우수한 의사들을 발굴하여 미국 선진 의료기관으로 유학을 보내기도 했다. 그러나 시간이 지나면서 선진의료기술을 배운 의사들이 하나둘 대학부속병원으로 옮겨가는 것을 지켜보았고 의과대학 설립의 필요성을 절감하고 있었다.

마펫은 의과대학 설립과 건축을 취해 1979년에 10억 원을 모금했다. 병원의 명칭도 '계명대학교 의과대학부속 동산기독병원'으로 변경했다. 계명대학교와 동산기독병원은 1980년 10월 18일 자로 보건복지부장관의 승인을 얻어 완전히 병합했다. 마펫 선교사는 계명기독대학 이사장으로서 통합된 두 기관에서 봉사하게 되었다. 마펫은 이렇게 말했다. "우리의 생명은 오직 하나뿐, 또 그 생명은 곧 지나가 버릴 것이다. 주님을 위해서 하는 일만이 영원할 것이다."[59]

(4) 하워드 마펫과 경주동산기독병원

경주는 통일신라 왕국의 수도였고, 지금도 경주시 내에 많은 역사적 유물들이 보존되어 있다. 그러나 6.25 전쟁 이후 경주는 10만 명의 사람이 살고 있었으나 제대로 된 의료시설이 없었다. 경주시민과 월성군민은 토착적인 민간요법에 의존하여 의료행위를 하고 있었다.[60] 따라서 동산기독병원에서 주기적으로 경주를 방문하여 의료 진료를 했다. 마펫은 경주를 방문하면서 이곳에도 병원이 필요하다는 생각을 하게 되었다. 그러던 중 경주 문화중 · 고등학교를 설립한 레이먼드 프

---

59) Howard F. Moffett, 김영호 엮음, 『동산기독병원의 초기역사와 신교보고』, 186.

60) 1970년 당시 경주시는 월성군 내에 있었다. 그 후 경주시와 월성군이 통합하여 월성군이 사라지고 경주시가 되었다.

로보스트의 소개로 미국 메릴랜드주 컴버랜드 제1장로교회(Cumberland First Presbyterian Church)를 방문하여 경주에 병원을 설립해야 할 필요성을 설명했고, 특별 헌금한 3만 달러의 기부금을 받았다.[61] 그리하여 경주 기독병원이 1962년 10월 10일 지하 1층, 지상 2층 규모로 설립되었다. 경주기독병원은 설립 이후 30년이 넘도록 불교의 고장인 경주시의 중심에서 진료와 선교의 사명을 감당했다.

대구 동산기독병원은 경주기독병원에 의료장비와 의료진을 파견하여 지원하고 운영을 도왔다. 경주 지역에서 의료사업과 함께 복음 선교의 사명을 다하려 했지만, 경영상의 어려움으로 더이상 지탱할 수 없는 한계점에 도달했고, 동산병원과 합병하지 않고서는 회생할 길이 없다고 모두가 인식했다. 그러나 병원 이권에 개입한 사람들과 당시 경동노회 측 사람들과 계명대학교 재단의 미묘한 의견 상충으로 합병이란 거의 불가능한 상황에 직면해 있었다. 이 풍전등화와 같은 상황에서 1988년 5월 10일 이사회의 결의에 따라 전재규 박사가 경주동산병원 원장 직무대리라는 중직을 맡게 되었다. 책임성이 강한 전재규 박사는 5월 11일에 병원의 혁신을 위해 일부 인사를 개편하고 병원 정상화를 위한 업무에 총력을 기울였다.

그러나 얽히고설킨 인맥과 의견 충돌로 병원 경영과 합병에 대한 합의점을 찾지 못했고, 병원의 정상적인 운영을 위한 직무는 거의 불가능에 가까웠다. 당시 병원은 이미 파산된 것이나 마찬가지였다. 이

---

61) Ibid., 176. 동신의료선교복지회, 『한 알의 밀알 되어: 70인의 선교사 이야기』, 357.

경주동산기독병원

러한 상황에서 전재규 박사는 병원장 직무대리의 직책을 내려놓아야
했으며, 병원 행정직원들과 함께 잔무를 처리해 가고 있었다. 그 와중
에 어느 날 법원으로부터 경주기독병원 경매에 관한 최후통첩이 이사
장에게 전달되었다. 경매일이 1988년 9월 4일로 확정된 것이었다. 모
든 병원의 직원이 절망적인 상황에서 포기한 상태에 있을 때 전재규
박사는 한 가닥 희망의 끈을 놓지 않고 한 번 더 이사회를 소집하여 경
매 일자를 연기해 볼 것을 결의했다. 이에 전재규 박사와 하워드 마펫
박사, 사무국장이 채권자인 서울의 신동아화재해상보험주식회사 홍정
일 상부이사를 만나 설득하고 경매를 연기해 줄 것을 간청했으나 법원
의 결정이라 변경할 수 없다는 답변만 듣고 돌아왔다.

1989년 9월 3일 경매 전일에 경주기독병원 의료원장, 병원장, 기획실장, 사무처장, 경주기독병원 이사장, 사무국장, 하워드 마펫, 전재규 박사 등 8명이 모여 오후 9시부터 새벽 2시까지 논의했으나 아무런 진전을 보지 못하고 불가능하다고 결론 내렸다. 그런데, 경매일 오후에 한분의 국장으로부터 경매일이 연기되었다는 전화를 받았다. 이때 전재규 박사는 배후에 하나님께서 역사하고 계심을 믿었다. 그리고는 최후로 계명대학교 재단을 설득할 수밖에 없다는 생각으로 여러 차례 개인접촉을 가졌고, 중요한 모임(8월 31일, 9월 19, 25일)에서 최고 간부진의 뜻을 모으고, 10월 중순경 마펫 병원장 댁에서 계명대학교 재단 이사장과 전재규 박사가 모여 진지한 토론과 함께 역사적인 전환점을 가져오는 기회를 만들었다.

병원장과 재단 이사장이 이야기하는 가운데 전재규 박사는 통역을 맡았다. 계명대학교 재단이 경주기독병원 인수가 불가능하다는 입장을 전달할 때 마펫 병원장의 말을 통역하는 전재규 박사가 경주기독병원이 미국 메릴랜드주 컴버랜드 제1장로교회의 재정적 지원을 받았고, 지금도 후원금을 받는 상황과 경주 지역민들의 열악한 의료상황을 이야기하면서 경주기독병원을 없애서는 안 된다는 점을 강하게 전달하고 계명대학교가 경주기독병원을 인수해야 한다고 강조했다.

비록 동산의료원 관계자들의 강한 반대에도 불구하고 최종적인 합의점을 찾게 되었고, 계명대학교가 이사회의 결의를 통해 계명대학교 재단이 경매에 참여하기로 하였고, 경매일이 확정된 1989년 10월 30일에 경매를 신청하였고, 12시에 경매는 종결되었고 학교법인 계명대학교에 낙찰되었다. 전재규 박사는 그때의 감동을 이렇게 표현했다 "두 눈에서 눈물이 핑 돌더니 한참 동안 말문이 막혔다. 이렇게 하여 경주기독 병원이 아직도 기독병원의 '기독'을 잃지 않고 그대로 유지하게 된 것이다. ··· 단지 하나님께 감사할 것뿐이다."[62] 그렇다. 하나님은 열악한 농촌 환경 에서 살아가는 경주 지역 주민들을 위해 경주기독병원의 문을 닫지 않 게 하셨다. 하나님은 그의 이름을 세상에 알리기를 기뻐하셨다.

비록 계명대학교와 경주기독병원이 합병하는 과정에서 많은 시련 과 아픔을 간직한 채 동산기독병원의 의사로서, 교회의 장로로서 전 재규 박사의 희생적인 노력이 오늘의 경주동산병원을 있게 만들었다. 플레처 선교사와 대구동산기독병원 직원들은 위성도시의 고정 진료 소나 외곽지역의 작은 병원을 분소로 하여 자동차 순회 진료를 하면 서 300만이 넘는 도민들을 상대로 기독교 의료전도를 이어갔다. 이런 의료전도 사업을 성공적인 발전을 위해 기도하고 형편에 따라 헌금으 로 지원하고, 시간을 내어 진료에 동참한 동산기독병원의 의사와 간호 사와 직원들의 헌신이 있었기에 경주기독병원은 다시 문을 열 수 있었 다. 1989년 11월 30일 계명대학교가 경주기독병원을 인수하여 대대적 인 개보수를 하고 1991년 3월 15일에 '경주동산병원'으로 새롭게 개원 하여 지금에 이르고 있다.

---

62) 전재규, 『내집이 평안할지어다』(대구: 보문출판사, 1995), 159~162.

III장

복음전도:
기독교 교육의 태동과
교육선교의 현장

III장

복음전도:
기독교 교육의 태동과
교육신교의 현장

1. 교육선교와 '대남소학교'

1900년 가을에 아담스 선교사와 한국인 교인들이 협력하여 남자 소학교를 운영하기로 함에 따라 '대남소학교'를 설립했다. 이것이 소학교로서는 경상북도에서 최초였다.[1] 1914년 5월 10일에 '대남소학교'는 '희원학교'로, '신명여자소학교'는 순도학교로 개명되었다. 1926년 두 학교가 '희도보통학교'로 통폐합되었다가 1938년 4월 1일에 '희도심상소학교'로, 1941년엔 '희도국민학교'로, 1955년 3월 28일에는 '종로초등학교'로 변경되어 오늘에 이른다. 1902년부터 아담스 선교사는 경북 각처 교회에 400원씩 보조하여 소학교를 설립하게 하였고, 각 교

---

1) 손상웅, 『대구·경북 교육선교와 교육선교사 1』, 39. '남문안교회' 초가집 안에서 10~15명이 등록했고, 7~8명이 출석하여 5개월간 슈업했다. 평양 소학교의 수업과정을 본보기로 삼아 한문, 성경, 산술, 지리를 가르쳤다. 아담스 선교사가 교장직을 맡았다. 대구 '남문안예배당'에서 시작한 '대남소학교'와 여자부소학교(후에 신명여자소학교)가 개교하였다. 박창식, 『경북기독교회사』, 77.

회는 학부대신의 인가를 얻어 소학교를 설립했다.[2] 대구를 중심으로 경북 각처에 교회가 설립되면서 교회를 중심으로 학교를 개교했다. 그 학교들의 기독교 교육을 통해 많은 인재가 배출되었다. 그때 이후로 지금까지 일부 학교들이 크게 발전하였지만, 오늘에 이르러 많은 학교가 폐교된 상태이다. 아담스 선교사의 업적은 여기서 끝나지 않았다. 1903년에는 남자 조사반을 열어 성경지리와 설교 등을 가르쳤다. 1904년에는 학생 수가 증가하여 200명, 1905년에는 400명, 1908년에는 900명이나 되었다. 1905년 이후부터 등록한 학생은 교회 지도자의 의무와 학교 조직을 공부했다.[3] 이후에도 아담스 선교사는 대구뿐만 아니라 경산, 청도, 영천과 청송까지 선교지역으로 삼아 복음을 전하고 여러 교회를 설립하고 가르치면서 많은 새 신자를 얻었다. 지금도 대구, 경산, 청도에는 아담스 선교사에 의해 세워진 120년이 넘는 교회들이 역사의 현장으로 보존되고 있다.

---

2) 1903년에 설립한 소학교는 김천군 송천교회의 양성학교, 선산군 죽원교회의 장성학교, 괴평교회의 선명학교, 1905년에 선산군의 숭례교회의 영명학교, 성상교회의 관성학교, 경산군 신기교회의 계동학교, 송서교회의 보경학교, 김천교회의 사숙 등 1906년 8월에 26개 학교로 늘어났다. 1907년 칠곡군 숭도교회의 보흥학교, 선산군 월호교회의 영창학교, 오가교회의 광명학교, 상모교회의 사숙, 김천군 파천교회의 사숙, 고령군 개포교회의 개포학교, 경산군 송림교회의 당리학교, 칠곡군 죽전교회의 사숙, 의성군 실업교회의 사숙, 영천군 평천교회의 기독양덕학교, 1908년에는 영덕군 장사교회의 장사학교, 영천군 신령교회의 흥화학교, 청도군 다동교회의 사숙, 김천군 월명교회의 장성학교, 김천군 유성교회의 광륜학교, 대양교회의 영흥학교, 복전교회의 기독명성학교, 경산군 봉림교회의 기독도명학교, 동호교회의 계남학교, 전지교회의 진신학교, 당곡교회의 숭덕학교, 칠곡군 진평교회의 극명학교, 왜관교회의 사숙, 영천군 우천교회의 기독진도학교, 달성군 현내교회의 현내학교가 설립되었고, 1909년에는 의성군 비봉교회가 기독계신학교를 설립했고, 1910년에는 김천군 동부교회의 영진학교, 충기교회의 광기학교, 영일군 포항교회의 영흥학교 등이 설립되었다. 손상웅, 『대구·경북 교육선교와 교육선교사 1』, 41~42.

3) 손상웅, 『대구·경북 교육선교와 교육선교사1』, 43~44.

대구 종로초등학교 (2022년)

2. 교육선교와 '계성학교'

기독교의 3대 중심 사역은 복음전도(Preaching), 교육(Teaching), 치유 사역(Healing Ministry)이다(마 9:35). 따라서 복음이 전파되는 곳마다 3대 사역이 선교의 중심에 자리하고 있었다. 대구에 입성한 미국 북장로교 선교사들은 이러한 선교정책에 따라 선교사역을 실천했다. 대구 최초의 선교사였던 윌리엄 베어드 선교사는 이러한 정책에 기반하여 "각 교회가 소학교를 세우고, 단기 사범과를 설치하여 교원을 양성하며, 선발한 학생을 중학교와 대학에서 철저하게 교육하고, 적당한 교과서를 준비하기를 주문

했다".[4]

당시 대구에선 '대남소학교' 졸업생에게 중학교 진학이 필요했다. 아담스 선교사는 남자 중학교를 설립하기로 하고 1906년 3월에는 24명의 학생이 수업을 시작했고, 같은 해 5월 1일에 27명의 학생을 모아 대구 선교지부 구내에서 4년 과정의 계성중학교(Boy's Academy)를 개교했다.[5] 아담스 선교사는 학생들에게 교과서, 성경, 찬송가를 무상으로 주면서 수칙을 만들어 잘 지키도록 지도했다. 1907년 봄에는 26명의 학생이 계성학교에 등록했다. 1908년 3월에 아담스 선교사는 그의 형제자매들이 헌금한 14,500원 가운데 9,500원으로 건축하고 어머니를 기념하여 '아담스관'이라 불었고, 잠언 1:7의 "여호와를 경외하는 것이 지식의 근본"이라는 말씀을 학훈으로 삼았다.[6]

1909년 봄에 아담스 선교사는 한문 교사를 채용하면서 교감 제도를 도입하고 이만집에게 교감직도 맡겼다. 이 해에 45명이 학생으로 등록했다. 1910년에 경북 지역교회에 74개의 소학교가 있었고, 1,044

---

4) 동산의료선교복지회,『한 알의 밀알 되어: 70인의 선교사 이야기』, 39.

5) 당시 계성학교 학생들의 수업은 아담스 선교사가 4주, 리처드 H. 사이드보탐이 6주간을 가르쳐 10주간 수업을 마쳤다. 남문안교회(남성정교회)의 박덕일 조사가 학교 이름을 '영적인 출발' 또는 '거룩한 시작'이라는 뜻으로 계성학교라 했으나 미국에서는 '소년아카데미'(Boy's Academy)로 불렀다. 공부를 시작한 학생들은 남문 안 대구 선교부 내의 안채와 서편의 사랑채 3동을 교사(校舍)로 사용하였고, 초가지붕 행랑채에서 공부했다고 한다. 학생들은 대부분이 머리를 동전처럼 올려 상투를 튼 기혼자였다. 손상웅,『대구·경북 교육선교와 교육선교사 1』, 44~45.

6) 아담스관의 2층은 예배실로 꾸미고, 1층에 4개의 방을 만들어 제1교실에는 문서, 장부, 서류 등을 보관하면서 물리의 기학과 전학 기계를 장치했고, 제2교실에서는 수학과 이학을 가르쳤으며, 제3교실에서는 지리, 역사, 성경 등의 과목을 가르쳤다. 영남 최초의 서양식 2층 건축물로서 2003년 4월에 대구광역시 유형문화재 제45호로 지정되었다.

계성학교 아담스관

명이 공부하는 중에 그해 봄에 36명이 등록했다. 아담스 선교사는
1911년 4월까지 약 5년간 계성학교의 초대 교장을 역임했다.[7] 이후 아
담스 선교사의 친척인 맥퍼슨 부부가 헌금한 6,000달러(한화 4만 원)의
기금으로 아담스 선교사와 라이너 교장이 설계하고 감독하여 1913년
9월 20일에 맥퍼슨관(McPherson Hall)을 준공했다.[8] 맥퍼슨관은 대구시

---

7) 1910년 제1회 졸업식에서 김윤수, 김찬구(혹은 김홍조), 이채인, 최승원, 최차손, 김만승, 권경도(혹은 권
    영해), 박경운, 서차균, 임종하, 조기출, 진기은 등 12명이었다. 이들 중 권경도, 임종하, 조기칠 3명은 목
    사가 되었고, 김만성은 전도사가 되었다. 손상웅, 『대구·경북 교육선교와 교육선교사 1』, 47~48.

8) 맥퍼슨관은 붉은 벽돌 2층 양옥으로 455.4㎡ 규모로 건축되고 준공되었다. 기초와 지하실의 석재는 대구
    읍성 돌이 사용되었다. 정방형의 동쪽 정면에 현관홀을 두고 1층과 2층에 각각 교실을 배치했고, 지붕에는
    한국식 기와를 이었다. 기부자의 이름을 따 맥퍼슨 기념 과학관으로 불렸다.

맥퍼슨관

유형문화재 제46호로 지정되었다. [9]

　1915년 2월에 제2대 교장 랄프 라이너(Ralph Oliver Reiner, 1882~1967)[10] 선교사가 사임함에 따라 아담스 선교사가 같은 해 2월 23일에 제3대 교장으로 다시 취임했다. 교장 아담스 선교사는 『계성학보 』의 발행인과 편집인으로 봉사했다. 교회와의 협력관계에서 특별한 일은 계성

---

9)　손상웅, 『대구·경북 교육선교와 교육선교사 1』, 50~51. 계성백년사 편찬위원회 2006: 24, 36. 계성학보 2호, 1914, 23의 내용을 재인용.

10)　랄프 라이너 선교사는 평신도 선교사로서 대구에서 1911~1916년까지 계성학교와 신명학교에 5년간 사역했다.

중학교 졸업생을 지방 교회 목사나 조사가 돌아보아 신령한(영적인) 길로 인도하여 자격 있는 대로 교회 사역에 쓰기로 했으며, 신명여학교 졸업생은 혼인하도록 도와주기로 했다는 점이다. 1917년에는 예년보다 훨씬 많은 40명의 학생이 입학했다. 그해 3월에 아담스관 2층에서 개교 10주년 기념식과 제6회 졸업식을 거행했다.[11] 1918년 9월 1일에는 2년 6개월간 교장(3대)을 역임한 아담스 선교사의 뒤를 이어 죠지 윈 (George Hinsdale Winn, 1883~1963) 선교사가 제4대 교장으로 부임했다. 아담스 선교사는 다음 해인 1919년 2월까지 학교에 남아 교육 사역에 관여했다.

특별히 1919년 3.1운동 당시 대구에서는 3월 8일 만세 운동이 일어났다. 이때 교사 백남채의 지휘 아래 이만집 목사, 졸업생 손인식, 김정오 등이 남학생들을 규합하여 시내의 군중과 합세하여 독립만세를 외치며 시가를 행진했다. 3.1운동 후 교장으로 부임한 해럴드 헤이즈 헨더슨(Harold H. Henderson, 1893~1984)은 본관(헨더슨 기념관)을 새로 짓고 인재 양성에 심혈을 기울였다.[12] 1920년대 음악 교사였던 박태준은 바다 뱃노래인 '인어'의 곡에 가사를 붙여 교가를 만들었고, '오빠 생각', '누나야 보슬보슬 봄비 내린다', '고추 먹고 맴맴 담배 먹고 맴맴' 등의 동요

---

11) 이날 졸업식에서 길선주 목사는 '그 청년이 누구냐?'라는 제하의 설교에서 가룟 유다와 같은 타락한 청년, 요셉과 같은 용감한 청년, 표면적 청년 그리고 사도 바울과 같은 이상적 청년을 소개하면서 용감하고 이상적인 청년이 될 것을 설교했다. 손상웅, 『대구·경북 교육선교와 교육선교사 1』, 53.

12) 헨더슨 선교사는 1918년 미국 북장로교 선교사로 내한하여 1942년까지 23년간 계성학교에서 교장을 역임했다. 손상웅, 『대구·경북 교육선교와 교육선교사 1』, 411.

를 작곡하여 전국적으로 애창되었다.[13)

아담스 선교사는 안식년을 마치고 1920년 8월에 한국으로 돌아와 대구에서 '대구성경학교'를 맡아 1921년까지 가르치며, 교회들을 돌아보며 헌신적으로 사역했다. 이러한 과중한 선교사역으로 인하여 병을 얻어 아담스 선교사는 1922년 1월 치료와 안식을 위해 미국으로 갔다.[14)

아담스 선교사의 병은 알츠하이머로 판명되었고, 그러한 상태에서 1924년 아담스 가족이 다시 한국으로 돌아와 은퇴식을 가졌고, 한국에서의 선교사역을 마무리하고 12월에 미국으로 돌아갔다. 그의 한국선교와 대구교회 사랑은 미국에서도 이어졌다. 1925년 1월에 5,000원을 계성학교에 보내와 교사들을 충원하여 학업에 매진하게 했다. 아담스 선교사는 1929년 6월 25일에 62세로 하나님의 부름을 받았다.[15) 1935년 5월에 경북노회는 아담스 선교사를 기념하여 기념비를 구 대구제일교회 구내에 세웠다.[16)

---

13) 박태준은 1900년 대구 남성정교회 박순조 장로의 차남으로 태어나 1911년에 대남소학교를 수료하고 1916년에 계성중학교 제5회로 졸업했으며, 1931년까지 교사로 봉직했다. 손상웅, 『대구·경북 교육선교와 교육선교사 1』, 423.

14) 치료차 미국으로 떠나는 아담스 선교사를 위해 경북노회(대구에서 설립한 첫 노회, 후에 경북노회에서 분립하여 경남노회가 설립된다)에서 전송회를 개최하여 김덕경이 전별사를 했고, 은주전자 1개와 통영소반 1개를 증정했으며, 아담스 선교사가 답사했다. 이날 전송비로 52원 60전을 지출했다. 손상웅, 『대구·경북 교육선교와 교육선교사 1』, 56.

15) 손상웅, 『대구·경북 교육선교와 교육선교사 1』, 56.

16) "탁피서인 선전천도 보라종적 구아동족 주행지축 기독심복 대부십자 어주충복 반수혼혼 구송팔복방양선 목 순산촉촉. 키가 큰 저 서양 사람이 우리 동양 민족을 구하려고 / 십자가를 짊어지고 입으로는 팔복을 찬송하면서 / 지구를 두루두루 다니면서 하나님의 말씀을 선교하며 전도하였다. / 주님에게는 충성스러운 종이요 양을 치는 목자로서는 선한 목자였고, / 바울 사도의 발자취를 따라간 그리스도의 충성스러운 신복이었나. / 넓은 바나에 충만한 큰 바닷불처럼 그 공로가 넓고 / 시온산이 우뚝 솟음 같이 그 공로가 높았다."

태평양전쟁 이후 일제의 탄압이 거세지면서 계성학교는 1943년 예배, 성경 과목이 폐지되었고, 1944년 교목 신후식과 학생들이 구속되었으며, 1945년 2월 학교가 폐교되고 '대구공산중학교'라는 명칭으로 교명이 변경되기도 했다. 광복과 함께 계성중학교로 교명을 되찾았고, 1950년 학제개편에 따라 계성고등학교와 계성중학교로 분리되었다. 2000년부터 100년의 전통을 깨고 남녀공학의 문이 열려 여학생 3학급이 편성 운영되었다. 2009년에는 자율형 사립고등학교로 전환되었고, 2016년 3월 대구 중구 대신동에서 서구 상리동으로 이전했다.[17]

암울했던 조선 땅에 아담스 선교사가 복음을 전하며, 대구에서 교육을 위해 던진 그의 사랑과 기도와 헌신으로 인하여 대구와 경북에는 많은 교회와 학교가 세워졌으며, 그의 신실함과 헌신적인 노력을 본받은 그리스도인이 교계, 교육계, 의료계 그리고 사회 각 분야에서 활동하며 선한 영향력을 끼치고 있다. 계성학교 동문뿐만 아니라 아담스 선교사의 복음전도와 가르침과 사랑을 받아 그리스도를 믿고 주님의 은혜 안에 오늘을 살아가는 자들이 그의 사랑과 헌신의 정신을 본받아 교회와 이웃과 온 세상에 복음의 빛을 밝히는 일에 앞장서기를 소망한다.

손상웅, 『대구·경북 교육선교와 교육선교사 1』, 57.

17) 계성중·고등학교 웹사이트 참조.

3. 교육선교와 '신명여학교'

미국 북장로교 선교부는 베어드가 입안한 '우리의 교육정책'(Our Educational Policy)을 심의 채택했다. 베어드의 후임으로 대구에 파송된 아담스 선교사는 이 정책에 근거하여 선교사역의 토대를 놓기 시작했다. 대구에서의 교육선교는 학교를 설립하면서부터 시작되었다. 대구에 입성한 초기의 선교사들이 모여 예배했던 교회가 남문안교회(남성정교회) 였다. 이 교회가 대구 제일교회의 모체가 되었다.[18] 이후 아담스 선교사와 부인 넬리 딕(Nellie G. Dick)과 브루언(Henry M. Bruen) 선교사와 그의

신명여학교의 교사와 학생들

---

18) 1898년 대구에 온 선교사 사택에서 처음 예배한 자들은 아담스 선교사 가족(4명), 존슨 선교사 가족(2명) 그리고 김재수, 모두 7명이있다.

부인 마사 스콧 브루언(Martha Scott Bruen), 존슨(Woodbridge O. Johnson) 선교 사와 그의 부인 에디스 파커(Edith Parker)가 함께 여러 분야에서 서로 협력하며 헌신적으로 선교사역에 힘을 쏟았다.

특별히 대구 선교부에 온 사라 노어스(Sarah Harvey Nourse, 1872~1925) 선교사가 1901년 3월 15세 미만의 소녀 14명을 매주 월요일(월요반) 가르쳤다. 1902년 파커 선교사와 스콧 브루언이 가르쳤던 '바느질반'과 노어스 선교사의 '월요반'을 합하여 신명여자소학교를 설립했다.[19] 이들은 1900년 11월 1일 남성정교회 구내에서 '대남남자소학교'(Boy's Primary School)와 '신명여자소학교'(Girl's Primary School)를 시작했다.[20] 신명여자소학교 학생들이 졸업하게 되자 상급학교로의 진학이 불가피했다. 따라서 1907년 10월 15일에 브루언 선교사의 부인 마사 스콧 브루언 여사가 선교부 구내 여자 손님 접대용 주택에서 신명여학교(Girl's Academy)를 개교했다. 이것이 신명여자중학교 태동의 기초가 되었다.

하지만 선교부로부터 정식 승인이 나지 않은 상태에서 1910년 선교부에 중학교 승인을 요청했고, 1911년 4월 22일에 주무관청에서 사립 신명학교 설립인가가 나왔고, 1912년 미국 선교부가 여자중학교 설립을 허락했으며, 1913년 우먼스 쥬빌리 기금(Women's Jubilee Fund) 2,000원

---

19) 손상웅, 『대구·경북 교육선교와 교육선교사 1』, 291~292.

20) 1914년 5월 10일에 대남학교는 희원학교(대구제일교회의 서희원이 300원을 기부하여 그의 이름을 따라 희원학교로 변경함)로, 신명여자소학교는 순도학교로 개명되었다. 1926년 4월 1일에는 두 학교가 희도보통학교로 통폐합되었다가 1938년 4월 1일에는 희도심상소학교로, 1941년엔 희도국민학교로, 1955년 3월 28일에는 종로국민학교로 변경되었다. 박창식, 『경북기독교회사』, 77. 재인용.

을 받아 즉시 착공하여 본교사 신축을 완공했다. 1913년에 폴라드 양 (Miss Harriet Pollard, 한국명 방해례)이 교장으로 취임했다. 이처럼 신명여자중학교 설립 초기(1907~1912)에는 마사 스콧 브루언 여사의 공로가 실로 지대했다.[21] 이후 일본의 탄압 속에서 고난의 시기를 보내는 중에 1944년 4월 30일에 '대구남산고등여학교'로 당국의 인가를 받았다. 해방 이후(1951년 8월 31일) 학제 변경에 따라 신명여자고등학교와 신명여자중학교로 분리 개편되어 2003년까지 여자학교로 운영되다가 고등학교는 2004년에 남녀공학으로 변경된 후 지금까지 운영되고 있다.[22]

---

21) 1912년 5월 31일 제1회 졸업식에서 3명(이금례, 박연희, 임성례)이 졸업했다.

22) 신명여자중·신명고등학교 웹사이트 연혁란 참조.

사문진 나루터에서 청라언덕까지

나가면서

나가면서

　역사(歷史)는 지난 과거를 되돌아보게 만들고, 감동을 주고, 미래를 향하여 꿈을 꾸게 만든다. 세상의 역사가 아니라 하나님께서 그의 백성들과 함께하시는 역사가 그러하다. 우리는 그러한 역사를 얼마나 알고 있으며, 그 역사의 현장에서 어떤 감정으로 살아가고 있으며, 그 역사를 빛나게 하는 일에 얼마나 관심을 두고 있는가! 사문진 나루터에서부터 대구의 중심에 자리한 청라언덕에 파노라마처럼 펼쳐져 있는 선교의 역사현장을 더듬어 글로 정리하면서 선교사들이 대구 땅에서 던진 헌신과 희생정신에 또 깊은 감동을 받았다.

　대구 청라언덕을 중심으로 동서남북으로 펼쳐져 있는 산길과 골짜기와 도시들을 복음과 함께 누빈 선교사들의 역사적 흔적과 기록들은 지워질 수 없는 귀중한 유산들이다. 성경도 하나님께서 행하신 실제적 사건들에 대한 영감된 말씀의 기록이다. 기독교의 역사도 성령에 감동된 복음 선노사들에 의해 남겨시고, 기록된 글들을 종합하어 세상에 드러내는 감동의 이야기다. 이처럼 대구에 남겨진 기독교에 관한 역사적 이야기의 첫 출발은 부산에서 시작된다.

역사적 관점에서 공인하는 순례자들의 제1길은 부산 동래를 출발하여 범어사 계곡, 양산 읍내와 황산역, 낙동강변 물금, 밀양을 지나 유천을 통과하여 청도 납닥바위에서 휴식을 취하고, 청도 양원리 명덕지 부근에서 하룻밤을 보내고, 팔조령을 넘어 우륵동을 지나 가창을 거쳐 대구읍성에 당도한 길이다. 대구 땅에 처음 발을 디딘 선교사 일행이 걸어온 길을 제1길로 정하는 것이 지역 역사 학자들의 공통된 관점이다. 순례자들의 제2길은 두 번째로 대구에 입성한 선교사 아담스 가족의 이삿짐이 물류 이동의 거점인 사문진 나루터를 통하여 경상감영이 있는 대구읍성에 처음으로 들어온 길이다.

이후 미국 북장로교 소속인 사이드보탐 선교사 부부가 대구 선교부로 부임할 때 대구 최초로 피아노(Piano)를 부산항에서 출발하여 낙동강 배편을 통하여 들여왔다. 그 후 1년 뒤인 1901년 5월에 우드브리지 존슨 선교사의 아내인 에디스 파커가 미국에서 보낸 피아노 한 대가 두 번째로 사문진 나루터를 통해 대구로 들여왔다. 1900년경엔 대구의 선교사 주택 건축을 위한 목재들을 낙동강을 통해 운반했다. 특별히 존슨 선교사는 화포 돛을 단 배에 목재들을 싣고 열심히 노를 저어 사문진에 도착하여 그것들을 강둑으로 끌어올려 현재의 청라언덕으로 옮겨왔다. 따라서 사문진 나루터는 대구·경북의 기독교 역사와 무관하지 않다.

이후 청라언덕을 중심으로 펼쳐지는 복음의 역사는 대구·경북 근대사의 초석이 되었다. 윌리엄 베어드, 제임스 아담스, 헨리 브루언 선교사들의 복음 전도와 교육의 희생적 헌신은 '남문안교회'(현 대구제일교회)를 시작으로 하여 그들이 떠난 후에도 곳곳에 역사의 현장으로 남아 기독교를 더욱 빛내고 있다. 대구 땅에 들어온 선교사들은 당시 건강을 위한 신학문이 없었고, 개화되지 않은 채 열악하고 더러운 환경에서 살아가던 대구읍성 주민들을 치료하고, 저주받은 병이라 불리던 한센병 환자들을 돌보며, 그들에게 물질과 좋은 환경과 시설을 제공해 치료받으며 일터를 일구어 자활의 기회를 얻도록 온갖 정성을 다했다.

특히 우드브리지 존슨, 아치볼드 플레처, 하워드 마펫 선교사는 '제중원'을 통해 육체와 정신 질병 치료의 시대를 열었고, '제중원'을 모체로 한 계명대학교 동산병원은 지금까지 대구·경북의 주민들의 건강증진에 크게 공헌하고 있으며, '대구애락원'은 수많은 한센병 환자들을 치료하고 자활하게 한 역사적인 장소이다. 오늘을 살아가는 그리스도인들의 가슴에서 사라져서는 안 될 가장 가치 있는 기독교 역사의 현장으로 남아 있다.

구한말 개화되지 못한 무지한 백성을 끌어안고 성경과 찬송과 산술과 역사와 지리를 가르치며 지성을 깨우려고 시작한 주일학교와 한 단계 발전된 중등교육 기관을 개원하여 지역뿐만 아니라 한국의 다양한 영역에서 많은 인재를 배출했으며, 선교사들이 토대를 놓은 계성학교, 신명학교, 기독교 지도자 양성을 위한 학교들은 기독교 가치와 이념을 지켜가며 오늘날 향상된 모습으로 발전해 가고 있다. 따라서 오늘의 시대를 살아가는 기독도들은 순례자들이 걸어갔던 길을 따라 걷고, 남겨진 유산들을 바라보고 관찰하며, 가슴에 울리는 깊은 감동과 함께 또 다른 위대한 역사를 만들어 내는 일에 성령의 감동과 함께 참여하고, 기꺼이 헌신해야 할 것이다.

사문진 나루터에서 청라언덕까지

참고문헌

국내문헌

동산의료선교복지회, 『한 알의 밀알 되어: 70인의 선교사 이야기』. 대구: 동산의료선교복지회, 2021.

류재양 저, 황봉환 엮음, 『향기 짙은 인생 여정』. 서울: Human & Books, 2023.

박영규, 『조선왕조실록』. 서울: 도서출판 들녘, 1996.

박정규, 『대구지방교회사』. 서울: 대한예수교장로회총회, 2003.

박창식, 『동산선교이야기』. 대구: 뉴룩스, 2012.

_____, 『경북기독교회사』. 서울: 코람데오, 2001.

손상웅, 『대구·경북 교육선교와 교육선교사 1, 2』. 경북 경산: 영남신학대학교출판부, 2022.

_____, 『청라 언덕에 잠든 파란 눈의 이방인』. 경북 경산: 영남신학대학교 출판부, 2014.

이덕주, 『한국 토착교회 형성사 연구』. 서울: 한국기독교역사연구소, 2001.

이상규, 『부산지방에서의 초기 기독교』. 부산: 한국교회와역사 연구소, 2019.

전재규·황봉환 공저, 『청라 정신과 대구·경북 근대문화』. 고양: 우리시대, 2022.

전재규, 『내집이 평안할지어다』. 대구: 보문출판사, 1995.

청라기독교역사문화연구소, 「위대한 100년의 빛, 대구애락원 100년사 기념논문집」. 대구: 신원사, 2022.

외국문헌 번역서

Fletcher, Donald R. *By Scalpel and Cross*, 이용원 역, 『십자가와 수술 칼』. 대구: 동산의료선교복지회, 2021.

Moffett, Howard F. *The Early Years of Presbyterian Dongsan Hospital Taigu, Korea*, 김영호 엮음, 『동산기독병원의 초기역사와 선교보고』. 서울: 미션아카데미, 2016.

그림 출처

사문진 나루터 : 대구트립로드 사이트(https://tour.daegu.go.kr/index.do?menu_id=00002943&menu_link=/front/tour/tourMapsView.do&tourId=KOATTR_266)

사문진 나루터에 조성된 피아노 조형물: 황봉환

경상감영: 대구광역시 사이트 (https://info.daegu.go.kr/newshome/mtnmain.php?mtnkey=articleview&mkey=searchlist&mkey2=5&aid=235602&bpage=1&stext=12%25EA%25B2%25BD&stext2=)

사문진 나루터에 조성된 피아노 조형물: 황봉환

짐꾼들이 무거운 피아노를 상여 메듯 옮기는 장면: 매일신문 "한국 최초 피아노, 달성 사문나루 통해 들어왔다" 2012-09-11 (https://news.imaeil.com/page/view/2012091110331108745)

구 대구제일교회 : 황봉환

대구 종로초등학교: 한국민족문화대백과사전

초대 의료선교사 존슨: 동산의료선교복지회

미국약방 및 제중원: 동산의료선교복지회

동산기독병원(1930년대): 매일신문 "[메디시티 대구 의료 100년] 제2부-근대의료의 도입 〈8〉일제 치하의 동산기독병원" 2023-04-29 (https://news.imaeil.com/page/view/2013042907560104091)

아치볼드 플레처 선교사: 동산의료선교복지회

전도회 회원들과 아치볼드 플레처, 1930년: 동산의료선교복지회

전재규 박사: 그리스천투데이 (https://www.christiantoday.co.kr/news/169288)

6인의 한센인: 황봉환

웰즐리 베일리 부부: International Leprosy Mission (https://www.lepramisszio.hu/wp-content/uploads/2016/04/wellesley-es-alice-bailey.png)

대구애락원: 황봉환

1990년대 초 대구에서 하워드 마펫(왼쪽)과 그의 아내 마거릿: 동산의료원

1970년대 후반 동산기독병원: 매일신문(https://news.imaeil.com/page/view/2019032817013962041)

경주동산기독병원 2022년: 동산의료원 블로그(https://m.blog.naver.com/dsmc7551/223000224909)

대구 종로초등학교 2022년: 대구시교육청(https://news.imaeil.com/page/view/2022062814262123095)

계성학교 아담스관: 문화재청 국가문화유산포털(https://www.heritage.go.kr/heri/cul/imgHeritage.do?ccimId=1636927&ccbaKdcd=2)

계성학교 맥퍼슨관: 황봉환

신명학교 학생들이 공부를 마치고 교문을 나오는 모습, 1933년: 대구신명고